总有
一桶金子
属于你

白艳华 ◎ 著
企业家

中国出版集团
现代出版社

图书在版编目（CIP）数据

总有一桶金子属于你 / 白艳华著.——北京：
现代出版社,2013.1 （2024.12重印）
（我的未来不是梦）
ISBN 978-7-5143-1054-2

Ⅰ.①总… Ⅱ.①白… Ⅲ.①企业家－生平事迹－世
界－青年读物②企业家－生平事迹－世界－少年读物
Ⅳ.①K815.38-49

中国版本图书馆 CIP 数据核字(2012)第 292865 号

我的未来不是梦—总有一桶金子属于你(企业家)

作　　者	白艳华	
责任编辑	李　鹏	
出版发行	现代出版社	
地　　址	北京市朝阳区安外安华里 504 号	
邮政编码	100011	
电　　话	(010) 64267325	
传　　真	(010) 64245264	
电子邮箱	xiandai@cnpitc.com.cn	
网　　址	www.modernpress.com.cn	
印　　刷	唐山富达印务有限公司	
开　　本	700×1000　1/16	
印　　张	12	
版　　次	2013 年 1 月第 1 版第 1 次印刷　2024 年 12 月第 4 次印刷	
书　　号	ISBN　978-7-5143-1054-2	
定　　价	47.00 元	

序 言

这套以"我的未来不是梦"命名的丛书，经过众多编者的数年努力，终于以这样的形式问世了。

此时，恰值党的"十八大"刚刚胜利闭幕，选举出了以习近平同志为首的党中央领导集体。"十八大"报告中对教育领域提出："坚持教育为社会主义现代化建设服务、为人民服务，把立德树人作为教育的根本任务，培养德智体美全面发展的社会主义建设者和接班人。"这使我们编者更感此套丛书生即逢时，契合新时期新要求，意义重大。

我们编写的这套《我的未来不是梦》系列丛书，精选了古往今来的一些重要职业，尤以当下热点职业为重。而"梦想的实现"则是本套丛书的核心。整套书立意深远，观点新颖，切合实际，着眼实用，是不可多得的青少年优质读物。

我们深信，这套丛书必将伴随小读者们的生活与学习，而促进他们德智体美全面健康的成长。更使他们对未来充满信心，驾驭着新知识和新科技，驶入海洋，飞向蓝天，去实现最美好的梦想！

目录 CONTENTS

第一章

风云际会

◦导读◦

  一说到企业家，我们立刻想到这样一些人，他们纵横商场，翻云覆雨，他们忙忙碌碌，日理万机，他们的佚事佳话口口相传，家喻户晓。我们不知道世界上第一个企业家是谁，但我们很容易就想到这样一些名字：比尔·盖茨、摩根、安德鲁·卡内基、约翰·戴维森·洛克菲勒、福特、雪铁龙、松下幸之助、可可·香奈尔、皮尔卡丹、希尔顿、哈默、肯德基大叔哈兰山德士、石油大亨保罗格蒂、摩托罗拉之父保罗·高尔文、麦当劳帝王雷蒙德·克罗克、飞机大王霍华德·休斯、汽车巨子丰田英二、投资之神沃伦·巴菲特、李嘉诚、霍英东、李宁、马云……太多了，多得说不完。是啊，这么多的英雄一样的人物，他们怎样走上了通往圣殿之路，创造了商业神话？是什么，让他们有别于常人，行常人所不能，建造了自己的商业帝国，让自己的人生走向了辉煌？是的，我们无法探求他们心中隐藏的秘密，但是，我们可以通过他们生活中或商业生涯中的一些小事去发现一些东西。那些决定他们成功的秉赋或性格，相信会给我们一些启示。

什么是企业家

企业家"entrepreneur"一词是从法语中借来的,原意是指"冒险事业的经营者或组织者"。但有意思的是,权威的《现代汉语词典》最新版本没有收入这个词,不知道是不知如何解释呢,还是有意疏漏了。

对于企业家的含义,不同的学者给出了不同的观点。法国经济学家萨伊说,把经济资源从生产效率、产量较小的领域转到生产率较高、产量更大的领域的人,便是企业家。"按照萨伊的说法,工厂主、农场主、商人,不论是自己出资,或者借用别人资本经营都算企业家。他是把企业家等同于企业所有者和经营者。这个定义当然已经不同于现代所使用的企业家含义。

熊彼特从另一个角度提出了企业家概念,企业家不是一种职业,也不是一种持久的状态,而是一种超越个体的人格品质和精神特征,也就是说,只有当企业经营者不断进行理性地创新和冒险时,他才是企业家。

事实上,企业家是一个不断发展的概念。目前,对于企业家的概念,还没有形成完全共识,这与不同学科的研究角度存在差异有很大关系。我们认为,"企业家"一词主要区别于一般的企业主或企业经营者,是指那些具备特殊的精神气质和思维倾向、具有积极的冒险精神、创新精神和创造激情而同时又富有理性的人们。

目前我们普遍比较接受的一个说法是:企业家是一个经济学上的概念,而不是一种职务或职业。企业家不同于商人,也不完全是职业经理人。

他们是有着深刻内涵的一群人，他们懂得创新，善于冒险，需要有社会责任和荣誉担当。他们也逐利，但有自己的道德底线；他们也经营，但懂得有所为有所不为。他们冷静但不冷血，爱财但不吝财，既深悉自己肩上的责任重担，也能清醒对待舍得问题。

说到企业家，不能不提企业家精神。企业家精神是企业家所特有的一种人格品质，是企业家组织创立和经营管理企业的综合才能，是企业家得以存在的思想灵魂和本质规定。

企业家精神的本质就在于企业家源自个人内心的人格品质，这种人格品质包括两个方面：实现个人价值和承担社会责任。它促使企业家具有强烈的成功欲，强调个体价值的自我实现；同时在工作中，企业家又热衷于公益事业，将个体的事业看成是对社会责任的担承，认为关注国家利益、社会民主、工人生活保障等是他们不可推卸的责任。

企业家精神的具体内容包括多个方面。在熊彼特的企业家理论中，首创性、成功欲、冒险和以苦为乐、精明和敏锐、强烈的事业心，构成了企业家精神的五大要素。企业家精神包括激情、积极、包容、领导能力以及目标远大等五项内容。

■ 企业家的发展

18世纪的英国，凭借工业革命取得的先发优势，全面革新政治、经济制度和生产方式，从而催生了大量的工业家、企业家、资本家，到维多利亚时代，工业生产能力已超过世界其他国家的总和，成为独霸全球的"日不落帝国"。

19世纪的美国，依靠大规模的科技创新和联邦政府一系列刺激经济的政策措施，造就了洛克菲勒、卡内基、摩根、福特等一大批有影响的大企

业家和企业集团，到 1894 年，美国工业经济已跃居全球首位，并由此发展成为世界头号经济强国。

20 世纪的日本，固然得益于明治维新后日本社会开明开放的营商环境，但其经济社会的快速发展，很大程度上是因为当时日本社会涌现了盛田昭夫、本田宗一郎、松下幸之助这样一批富于创新精神的杰出企业家群体，从而使日本迅速跻身于西方列强之林。

50 年代还相当落后的韩国，经过三星、现代等一批企业家的"拼命经营"，到 90 年代已成为国际公认的新兴工业化国家。

正如一位西方学者所言：一部美国大企业家的发迹史，就是一部美国现代经济的崛起史。

■ 中国企业的根

如果我们追寻一下中国企业家真正的根，现代工商业真正的本土源头，若从洋务运动算起，中国的企业史已接近 150 年，就是从 1895 年算起，也有 110 多年了。中国企业家的根到底在哪里？

说到中国的企业家，我们立刻想起胡雪岩，在中国的办企业的人中很流行的一句话："当官要读《曾国藩》，经商要读《胡雪岩》。"可见胡雪岩足可以成为中国近代企业家的代表人物。胡雪岩为什么如此走红？因为他在经营中有这样几个特征："利用官府资源的能力和社会各层面斡旋的能力，资本运营的能力。在当今的中国，如何迅速聚集财富，从体制中寻求创业资源尤显关键。"万科集团董事长王石的回答一语破的。他在探访了杭州胡雪岩故居和胡庆余堂之后，对胡氏 120 年前提出的"戒欺"、"客户第一"、"采办务真，修制务精"等经营理念，对其信用和商德都表示肯定和佩服，并认为胡氏最后虽败犹荣。但这位当代企业界的领军人物清楚地指出：胡氏

毕竟没有投资新式企业，并在改良工艺、提高品质等方面做出新的努力，所以算不上是一个企业家，只是一个流通领域的商人。

那么，既然胡雪岩不能成为中国企业家的根，这个根肯定也不在晋商与徽商身上，他们都只是传统农业文明的产物，身上还没有笼罩近代的曙光，简单地说，他们不过是旧式商人。这个根也不在洋务运动后期崛起、曾在晚清中国盛名显赫的盛宣怀、唐廷枢等人身上，他们或是官商，或是买办，最终未能超越身份的限制，踏入现代企业的门槛。

一些人认为，这个根在那些开创了各种新式工业的民营企业家身上，张謇、荣氏兄弟、穆藕初、范旭东、卢作孚和刘鸿生，正是他们代表了近代的方向。

为什么中国近代企业发展艰难，问题的根源还在于体制上。对于近代中国的企业家来说，事实上，最大、最致命的威胁还是来自官资和官企兼并的威胁。荣德生的大女婿李国伟回忆，北洋军阀比较容易应付，他们的办法也简单，一般是把各银行、各厂的主持人请去开会，关上门"讲斤头"，不满足他们的胃口，就不让出来。但是，如果你事先看出苗头，可以托故不去，也可以硬挺软磨，讨价还价。到了国民党时代就不行了，蒋介石控制长三角不久，荣宗敬不愿全额接受摊派的库券，就横遭通缉，无锡家产被封。

自1927年到1949年，以宋子文、孔祥熙为代表的豪门资本力量，包括资源委员会掌握的官营资本力量，处于绝对强势。荣家企业、刘鸿生企业、民生公司和永利公司，几乎所有成熟的大型民营企业，都处在他们的虎视眈眈之下，多次面临被吃掉的危险。这些企业家寻求国外贷款时不仅得不到官方支持，反而常常是要挟。

船王卢作孚曾写过一句话，大意是："我自从事这桩事业以来，时时感觉痛苦，做得越大越成功便越痛苦。"这话的背景来自豪门资本对民生公司一而再的觊觎。

■ 独特的中国企业家

在中国现有体制下，企业家的成长与发展也是独具特色的，官商结合，成为这一个时期的企业家成长的绕不过去的必经之路。在这一个时期，有几个人可以成为代表人物。

田溯宁有一个响亮的名字叫"中国宽带之父"。田溯宁有很高的知识背景，当年，他回国办的第一件事情就是带亚信回国。今天我们所用的宽带通道中有很多是由亚信铺设的，但亚信毕竟是私人企业，无法与庞大的政府互动。在这样的情况下，田溯宁判断亚信不可能做大，更不可能改变中国信息通讯产业的垄断现实。所以田溯宁做出了可能是他这辈子最大的决定，从亚信出来，进入国有企业系统，打造网通。

田溯宁希望他能够使整个中国的移动通信产业形成一个竞争的框架，然后开放，再引导出我们今天比较繁荣的互联网经济。他认为要做好这件事情，唯一的路径是与政府合作。

田溯宁在网通八年，其间做了很多事情，包括将网通推到香港上市、跟西班牙电信整合成为一个大集团、建立整个宽带基金等。

但八年后，网通没有了，归入联通。田溯宁从亚信到网通，再到宽带产业基金的这段历史，这里有大量的故事—— 一个国有企业体制是怎样去牵制一个才华横溢的年轻知识分子，他又是如何在官商合作的体制面前，一步步败下阵来。

柳传志有两个方面的特点：第一，他的战略选择是一种基于 PC 的多

元化战略;第二,他用30年的时间,终于从国有企业的盘子中拿到了一点股份,并放进了自己的口袋。关于后者我是支持的,中国的国有企业就应该像柳传志那样去改制,去想办法让自己的企业产权清晰化。联想一路走来发生的故事太多,很多次柳传志都能化险为夷。当年一起站在台上领奖的那几个人,到今天只剩他一个人,其他人要么销声匿迹,要么进了牢狱,如倪润峰、褚时健……只有柳传志还依然光鲜地站在领奖台上,他是一个奇迹。如果我们愿意跳出简单的公平和效率之争,仅就企业家来讲,他真是一个很不错的企业家。他的优秀之处就在于,通过几十年的努力,他终于让联想渐渐从政府管制的陈旧状态中走了出来,渐渐成长为一个看上去很具有现代企业制度意义上的大公司。

地产业巨头王石也是一个值得一说的人物,但有人说王石是一个不成功的企业家。为什么? 企业有三个维度,一是产权,二是自由竞争,三是品牌。后两者万科具备,但万科到今天为止还是国有企业,王石只有不到1%的股份。这意味着什么? 意味着到今天,万科并不是一家规范的现代企业,意味着到今天为止,王石并不是一个规范的企业家。作为企业家的王石,他一辈子都没有脱离官商结合的窠臼。

跟王石相比,任志强可能是把官商结合这样一个百年传统发挥到极致的人。到今天为止,任志强管理的华远,还是个正儿八经的国有企业,他有多次机会可以进行管理层收购和改制,但他没有行动。问及原因,他说我父母不同意我干个体户,他们觉得一心一意干革命是一辈子的事情,我就应该为国家做企业。事实上,他为什么要这样做? 我认为他还是想围绕国有企业的权力纽带来做事情,这才是任志强真正的软肋。

在中国当代企业家里面,戴国芳是尤其值得一说的人。戴国芳,宏观调控之下著名的"铁本事件"的受害者。需要说明的是,铁本上马,一方面是戴国芳有意为之,但另一方面,却也是地方政府有意推动。铁本的上马,是常州市政府一手扶持。政府主动给戴土地,银行主动给戴贷款,但是中央政府的宏观调控政策一来,首先就把戴国芳断掉了,还把他树立成了全国的一个坏典型。为什么? 因为戴国芳没有任何背景,他就是一个农民。

同样是做钢铁的,比如浙江的张志祥,他是人大代表,也做钢铁,就没有垮掉;虽然宏观调控的形势一浪高过一浪,但他们全都保下来了,只有戴国芳身陷大牢。所以我要说,在某种意义上,戴国芳其实是官商结合模式下的祭品。这个故事很荒诞,后来我在《南方人物周刊》写了一篇叫做《戴国芳的荒诞剧》的文章。许多年后,今天再看戴国芳的悲剧,后人会觉得很荒谬,为什么不让一个企业家去生产他想生产的产品? 这既不是导弹,也不是核武器。这个故事真的很荒谬。

■ 故事从这里开始

综上,我们知道,当代中国企业家不是真正意义上的企业家,他们已经失去了标准企业家的特性。而我们在这里本书里所要讲述的,是市场经济体制下成长起来的企业和企业家的奋斗史。并希望通过我们的讲述,从中发现一些规律,得到一些启示。这就是这本书的案例尽量不选取国内当代企业家的原因。

● 智慧心语 ●

天变不足畏,祖宗不足法,人言不足恤。 　　——王安石

下定决心,不怕牺牲,排除万难,去争取胜利。 　　——毛泽东

所有的门都由金子锁着,唯有金钥匙才能将它打开。

——丁尼生

利益根本不是别的东西,只是我们每一个人视为幸福所必须的东西。

——霍尔巴赫

世上真不知有多少能够成功立业的人,都因为把难得的时间轻轻放过而致默默无闻。

——莫泊桑

第二章

见微知著

◦导读◦

　　见微知著体现出一种把握未来的能力，作为一个人，具备这种能力，就可以在纷繁复杂的社会生活中保持稳定而平和的心性，从容应对生活；作为一个企业家，具备这种能力，就可以在竞争激烈的行业角逐中，察人所未察，占得先机，争得主动，运筹帷幄。

■ 最重要的是坚持

　　话机世界集团董事长赵伯祥说,一个人取得成功的关键就是能否坚持不懈地做好一件事情。

　　他曾说过,不同的企业对员工要求不一样,我们零售企业对细节关注比较多,所以做事情必须踏实和坚韧。聪明的人很多,很多人想法很好,但让他去做却是虎头蛇尾,一碰到困难就趴下没声了。有一次,我们招进一个总经理,原来在一家知名外企做到了一定的职位,但进我们公司,按规定必须从营业员做起。我们营业员要求站立服务,一天六七个小时站下来,他的腿都肿了,但他坚持下来了,没吭过一声。这样的人才,才是我们所需要的。

　　只有坚持不懈地做好小事情,积少成多,才能做好大事情,最终才能取得事业的成功。

　　杯套创始人杰依·索伦森就是这样一个人。

　　杰依·索伦森是个不幸运的人,他还在读大学的时候,开汽车修理行的父亲突然生了重病,从此,养家的重担就落在了他的身上,迫于生计开始为养家活口而奔波。年纪轻轻的杰依开始在社会中摸爬滚打,当过汽车修理工,做过房地产的经纪人。44岁的时候还是一个非常普通的人。

　　然而,十年前发生的一桩小事却改变了他的一生。

　　那天,杰依把一杯热咖啡洒到了身上。当时他想,如果有一种办法为人们提供热咖啡,又不烫手,那就好了。他左思右想,最后终于想出了一个

我的未来不是梦

主意——在杯子外面加个套。杰依先用纸做了一个模型,在纸杯上试来试去。

一天,他在街上看到上面带着小泡泡的厚纸巾,眼睛霍然一亮。于是,他用硬纸板作材料,在上面压出一个个小泡泡,把它套在纸杯外面。这些小泡泡使人的手不直接和纸杯接触,因此端热咖啡的时候就不烫手了。

杰依喜出望外,他先做了一些样品,然后找到一个纸产品加工商。他把生产工作交给加工商后,自己去参加商品展销会,开始推销这些产品。

杰依发现在离家不远的西雅图要举行一个展销会,于是他带着自己的样品赶去参加。回来的时候,他手上握着 100 多份合同。

后来,他又在贸易杂志上打广告,参加了更多的商品展销会。在那些展销会上,他和妻子收集了许多参观者的名片。回来后,他俩就把杯套样品和介绍材料寄给这些人。很快就有许多人打电话和来信订购他们的产品。在投产 30 天后,他们就开始盈利了。

再后来,杰依的杯套公司又发展了,他有了四名雇员,年销售额已经超过 1 000 万美元。这时他们不仅面向美国,还同加拿大和澳大利亚的公司签署了专利使用许可协议,允许他们在加拿大和澳大利亚生产他的杯套。

那么,这样一个大生意的公司,最初创办到底花了多少启动资金呢?杰依说,他没向银行贷过款,只在开始的时候向父母借过 1 万美元,用于请律师申请专利。他的全部启动资金不到 15 000 美元。

是不是每个人都可以自己办公司呢?杰依的回答是肯定的:"我也是个普普通通的人,我能干的,别人为什么不能干呢?做生意又不是做火箭,需要很强的技术,一个人只要有进行逻辑思考的能力,认准了一条路,只需要顽强地走下去,就会成功。做生意最重要的在于坚持不懈。"

几乎每个人在一生中都会出现一些想法,如果他们坚持下去,可能就会获得成功。但是,大部分人都出于一些原因,很容易就放弃那些宝贵的想法。

逐梦箴言

请牢记古罗马诗人奥维德的一句话："忍耐和坚持虽是痛苦的事情,但却能渐渐地为你带来好处。"

知识链接

【西雅图】

西雅图位于美国华盛顿州,为太平洋西北区最大城市,是通往远东和阿拉斯加的主要口岸,是美国飞机制造中心和重要的渔业基地。

我的未来不是梦

■ 做自己喜欢的事

看上去,西门子(中国)有限公司副总裁王伟国是一个幸运的人,大学毕业后第一份工作就在西门子,而且一干就是20年,在这里,他从一名普通员工做到副总裁。他总结自己的成功经验就是:做自己喜欢的事。合适的,就是最好的。

王伟国在德国读大学和研究生,学的是计算机科学专业。在等待论文答辩期间,看到了西门子的招聘信息,他们打算开发新产品投放中国市场。而王伟国所学的专业和他的中国文化背景,都符合他们的要求。

按照王伟国的说法:那个职位几乎就是专门为我设置的。于是他决定去尝试一下,其实当时王伟国已经决定读博了,但这个职位使他改变了做法。没什么悬念,面试很顺利就通过了。在继续读博和进西门子工作之间,王伟国选择了后者。

进入研发组,大家都很投入,从早到晚满脑子都是程序。因为兴趣相投,大家沟通也很顺畅,1年时间,新产品就研发成功了,当时西门子其他新产品研发周期都是比较长的。毫无疑问,王伟国得到了嘉奖,从此干劲就更足了。

但这时,他总结了一下,觉得自己更喜欢做营销。转型问题摆在自己面前,但他相信自己的沟通能力,相信自己只要用心投入地去做,就没什么困难。于是,他开始跟着营销部的人参与技术销售,学着与客户接触。凭着喜欢的热情,又有技术能力做支撑,他做起销售来得心应手,各种优势得到了最大的发挥,很快在同事中脱颖而出,并逐渐走上重要岗位,直至成为

副总裁。

总结自己的成功，王伟国说，很多人都会抱怨工作不顺，其实首先应该自省一下：这份工作是否适合自己？自己不喜欢的事情，是不可能投入的，即使勉强去做，也肯定做不好。

跟王伟国一样，石油大王保罗·格蒂也选择了自己的喜好做为职业，只不过他喜欢的就是赚钱，疯狂地赚钱。

保罗·格蒂1892年出生于美国，他的父亲乔治·格蒂是一个出色的石油商人，做为独子，保罗的生活相当富裕。保罗14岁的时候，用属于他自己的钱购买了明尼荷马公司——他父亲的公司的100股股份，成了父亲的合伙人之一。但他和父亲在生意上意见总是不能一致。而事实证明，保罗比他的父亲更具有冒险和开拓精神。

但保罗在学校里实在不是个好学生，他的学分总达不到要求，从中学到大学，不知转了多少个学校。最后，他总算取得了英国牛津大学的文凭。但就是这个学校里的差生，却经常攻击父亲的经营方法，批评父亲没有听他的劝告在俄克拉何马建造储油库。有一次，他让父亲用600美元贿赂印第安人理事会，以击败对手美孚石油公司，从而得到新泽西州的一块租借地的开采权。乔治却在给儿子回信中说："我宁愿保住我的600美元及我的诚实与名誉。"保罗为此郁闷极了。

因此，他一回到美国，就决心在石油业上试一试自己的本领。父亲答应为他提供资金，购买他认为有希望而且也是价格低廉的租借地。利润的30%归他，其余归父亲。

于是，不满22岁的保罗·格蒂只身前往俄克拉何马的塔尔萨，开始了他的石油生涯。白天，他跟掘油者一起，在齐踝深的泥浆里跋涉；晚上挤在临时搭的弥漫着汗臭和酒气的四面透风的小木屋里吃和睡。

两年后，他在自己的租借地上打出了第一口油井。就在油井喷油的第3天，他又将这块地转卖给另一家公司，从中赚了将近4万美元。这是他第一笔盈利的交易。由于这一成功，父亲正式接纳他为家庭企业明尼荷马公司的一名经理。

第一次世界大战期间,美国石油价格涨了将近一倍。格蒂家的财富也随之膨胀。保罗仍和一批掘油者住在塔尔萨的旅馆里。这里像纽约的股票交易所,熙熙攘攘的石油商搜集有关油价和油矿的行情,交换租借地买卖的信息。保罗在这里做租借地中间人的生意,从中获得了可观的利润,并同时扩大了自己的租借地。

当时,石油商中很少有人认识到地质学在石油开采中的实用价值,他们只是凭自己的经验和感觉,认为哪里有油就在哪里钻井,带有一定的盲目性。保罗却与那些人不同,他听从了地质学家的劝告,把目光从竞争激烈的地区转向没有人注意的库欣油田北面和西面的红土地带。不久,他果然在那里发现了加伯和比林斯油田。仅仅 5 个月以后,他发现自己的资产已经达到 100 万美元了。年仅 24 岁的保罗成了百万富翁。

这个年轻的富翁,在父亲去世后,又继承了一大笔遗产。按照他的性格,当然不会拿这些钱来享受,而是大施拳脚,最后终于成为石油大王。1957年,格蒂的资产就已超过 10 亿美元。这一年,《命运》杂志列出美国最富有的人名单时,格蒂名列榜首。

逐梦箴言

"有史以来,没有任何一件伟大的事业不是因热忱而生的。"爱默生此言不虚。

知识链接

【西门子公司】

世界上最大的电子和电气工程公司之一,总部位于德国的柏林和慕尼黑,1847 年由维尔纳·冯·西门子创建。

■ 想象力成就事业的辉煌

动画明星米老鼠从 20 世纪 30 年代开始风靡世界,直到现在还被全世界的大人与孩子喜爱。他的缔造者沃尔特·迪斯尼也被人们称为"米老鼠之父",家喻户晓。

这一切,都出自这位卓越的漫画家的天才想象力。

沃尔特·迪斯尼 1901 年出生于美国芝加哥,他的父亲是西班牙移民,在堪萨斯州东北的马赛林有一个小农场,沃尔特的童年都是在那儿度过的。老迪斯尼对儿子们的要求十分严格,三个大的都成了他的农场工人,和其他雇工一样早出晚归。沃尔特因为太小不能做工,因而成了一个孤独的孩子,跟他作伴的只有鸡、鸭、猪、狗。寂寞的沃尔特实在无聊,以在草稿纸上画这些小动物为乐。没想到,这成为这位天才漫画家的艺术启蒙。这些安闲的小动物陪伴的时光,使沃尔特的思想天马行空,具有惊人的想象力。

沃尔特的一生是充满传奇的一生,他不仅拍摄了多部卡通影片,成为动画电影鼻祖,还创造了迪斯尼乐园和迪斯尼大世界,在迭宕起伏的创业生涯中,每一次遇到困难,都是想象力把他拉出低谷,不仅如此,这非凡的想象力,也成就了他的非凡业绩。

最典型的是一次就是米老鼠的诞生。事实上,米老鼠是有其原型的。沃尔特在堪萨斯城日子过得最艰难的时候,有一只小老鼠经常爬到他的书桌上,他总是喂它一点干酪。小老鼠很温顺,也很赖皮,它每次吃光干酪后,就在沃尔特的手心里蜷成一团安睡。他担心它养成了吃干酪的毛病,以后

当他没有干酪喂它的时候,它便会去吃人家放在老鼠夹子上的干酪,于是他把这只小老鼠带到树林里放掉了。但这只小老鼠的样子深深刻进了漫画家的心里。有一天,他顺手把它画了下来,这就是著名的老鼠米奇。

这时,正好沃尔特的漫画电视事业遇到了瓶颈,于是,可爱的老鼠米奇走上了荧屏,成功挽救了漫画家的事业。它使他的事业推上了巅峰。但这个系列又因为他的助手尤布被人挖走而停止了。这对沃尔特是一个致命的打击,为此,他大病一场,精神处于崩溃的边缘,暂时停止了米老鼠动画片的生产。

但是这个天才漫画家很快就焕发出想象力,他在米老鼠题材的动画片,并在其中加入了"唐老鸭"、"普洛托狗"等形象。唐老鸭是一个喋喋不休的抱怨者,普洛托狗则是个专干蠢事的傻瓜。这些形象使他重新获得巨大成功。

沃尔特一鼓作气,先后创做了第一部彩色有声动画片《花儿与树》,获得了巨大成功。这部片子当年获得了奥斯卡奖。彩色动画片《三只小猪》,同年5月在纽约大会堂举行首映式,盛况不亚于米老鼠系列片,后来沃尔特力排众议拍了一部长动画片《白雪公主和七个小矮人》。当时还没有长动画片问世,长片放映时间大约一个半小时,结果又是盛况空前。这部片子被译成各国语言,在全世界放映,盈利比沃尔特预期的要高出10倍。

继此之后,沃尔特又先后推出《木偶奇遇记》《小虎班比》《幻想曲》等一批优秀的长动画片。

后来,沃尔特在洛杉矶建立了迪斯尼乐园和迪斯尼世界。他这个人有着无穷的想象力,就在他创作米老鼠、唐老鸭、三个小猪、白雪公主等动画片角色时,他的心里已经有了一座童话乐园,他想象中,那是一个孩子们的世界,不仅有动画片和童话故事里的人物、建筑和树林,还有各种各样的游戏机,总之,应该充满儿童的乐趣。1966年12月15日,沃尔特·迪斯厄病逝。

哥伦比亚广播公司在晚间新闻的颂词中说:"迪斯尼是一位富有创造性的天才,他为全世界的人带来了欢乐,但若我们仅仅从这一方面去判断

他所作出的贡献,仍是不够的……迪斯尼在医治、安慰人类心灵方面所作的贡献,也许比世界上任何一位心理医生都要大。"

逐梦箴言

"想象力比知识更重要,因为知识是有限的,而想象力概括世界上的一切,推动着进步,并且是知识进化的源泉。"说这番话的不是某位离经叛道的艺术家,而是20世纪的科学巨子——爱因斯坦。

知识链接

【沃尔特迪斯尼公司】

全球最大传媒企业之一,1923年由迪斯尼兄弟创建。拥有"沃尔特迪斯尼影片"、"皮克斯动画工作室"等众多品牌和"迪斯尼世界"等诸多产业。

■ 世界上任何一种东西都不能代替恒心

没有人没吃过汉堡包，没有人不知道麦当劳。

麦当劳的成就，说起来像一个神话。上世纪 90 年代初，它就有 1.6 万多家分店，涵盖了全成界 80 个国家和地区，每天销售汉堡包达 2 亿多个，年营业额达 150 亿美元。

想不到吧？小小的汉堡包，就能创下这么大的利润。但这是真的。

看到麦当劳的字眼，就以为，这个神话一定是麦当劳创造的。但其实不是。真正创建麦当劳快餐王国的却是雷蒙·克罗克。是啊，为什么是克罗克，而不是麦当劳呢？我们的答案只有一个，恒心。创建了汉堡包这个名字的是麦当劳，可创造汉堡包销售神话的，却是具有恒心的克罗克。

克罗克是怎样成为亿万富翁，又是怎样使麦当劳公司扶摇直上，成为全球性快餐王国的呢？

克罗克年轻时家境不好，高中只上了一年就休学了。他在几个旅行乐队里弹过钢琴，又在芝加哥广播电台担任音乐节目的编导。从 1929 年起，在随后的 25 年中，克罗克一直从事推销工作，先在佛罗里达帮人推销过房地产，后到美国中西部卖过纸杯。作为推销员，他几经周折，屡尝失败的滋味。克罗克后来回忆道："在佛罗里达推销房地产失败之后，我彻底破产，身无分文。那时，我没有大衣，没有风雨衣，甚至连一双手套都没有。我开车进入芝加哥穿过寒冷的街道回到家时，简直要冻僵了。"

1937 年，克罗克在一家经销混乳机的小公司当老板。混乳机是一种

能同时混合搅拌 5 种麦乳的机器。他经受了第二次世界大战的冲击，惨淡经营，生意尚能勉强维持。到了 50 年代，已达天命之年的克罗克，依旧是个小老板，眼看就要默默无闻地了却一生。

这时候的克罗克虽然还没有挣到什么钱，但他其实已经挣下了最重要的一笔财富，那就是恒心。因为我们知道的很多人，到了克罗克现在的年龄，遭遇了克罗克遭遇的这些磨难，基本已经没有信心了，接下来的人生，很可能就会在糊里糊涂的过日子中度过。

但是克罗克没有。他依然保持着商人的精明和敏锐，静静地等待着时机。

1954 年，51 岁的克罗克终于等到了属于他的机会。这时，他是一家混乳机的销售公司的小老板。有一天，他发现有一家快餐店一次购进了 8 台混乳机，这个数字太大了，他们怎么会有那么多食物需要搅拌呢？他决定亲自看一看这家店。

当他第一次进入麦当劳的时候，他就发现，这里是一座金矿。在这里，麦当劳的创始人，犹太人兄弟——麦克·麦当劳和迪克·麦当劳，他们已经拥有了 10 家连锁店的麦当劳汉堡包餐厅，全年营业额竟达 20 万美元。而且，可喜的是，目光短浅的麦当劳兄弟并未意识到自己的发明具有极大的潜力。

麦当劳兄弟开的这家餐厅，与当时无数的汉堡包店相比，外表上似乎无大大的区别。但是，麦当劳却以其特别的方式震撼了克罗克。其时正是中午，小小停车场里挤满了人，足有 150 人之多，在麦当劳餐厅前排起了长队。麦当劳的服务员快速作业，竟然可以在 15 秒之内交出客人所点的食品。这种作业方式，克罗克可从未见过。

但是当克罗克建议他们多开几家餐厅的时候迪克？麦当劳却摇了摇头，指着附近的山坡说："你看到上面那栋房子了吗？那就是我们的家。我喜欢那块地方，要是连锁餐馆开得太多了，我们就忙得甭想回家了。"

克罗克凭着多年的经验，意识到机会来了。他看准了麦当劳，决心开办连锁餐馆。第二天，他就与麦氏兄弟进行协商。麦氏兄弟很快就答应给

我的未来不是梦

他在全国各地开连锁分店的经销权，但条件相当苛刻，规定克罗克只能抽取连锁店营业额的1.9%来作为服务费，而其中只有1.4%是属于克罗克的，0.5%则归麦当劳兄弟。一心想干一番大事业的克罗克，毫不犹豫地接受了这个条件。

就这样，克罗克从此与麦当劳结下了不解之缘。

1955年3月2日，克罗克创办了麦当劳连锁公司。他的第一家麦当劳餐馆同年4月在得西普鲁斯城开张。9月，在加州的弗列斯诺市，第二家餐馆也开业了。3个月之后，第三家餐馆在加州雷萨得市建立。推销员出身的克罗克，充分展示他那推销的天才，开设分店的速度越来越快。到1960年，克罗克已经拥有228家麦当劳餐馆，其营业额达3 780万美元。

1961年克罗克以270万美元的天价买断了麦当劳。成为麦当劳真正的老板。拿到了麦当劳餐馆的名号、商标、版权以及烹饪配方。至此，美国的全部麦当劳快餐店都归于克罗克名下。虽然公司的名号仍叫麦当劳，却与麦当劳兄弟毫无关系了。麦氏两兄弟是麦当劳公司的创业者，但显然不是做大生意的人。克罗克事后说："他们比我年轻，可他们都歇手不干了。而我可不能抛锚。"

克罗克的座右铭是：

世上任何东西都不能代替恒心。"才华"不能：才华横溢却一事无成的人并不少见。"天才"不能：是天才却得不到赏识者屡见不鲜。"教育"不能：受过教育而没有饭碗的人并不难找。

只有恒心加上决心才是万能的。

这就是克罗克赢得事业的巨大成功的诀窍之一。

逐梦箴言

《生活》周刊主编邹韬奋曾说过这么一句话:"一个人做事,在动手之前,当然要详慎考虑;但是计划或方针已定之后,就要认定目标前进,不可再有迟疑不决的态度,这就是坚毅的态度。"你我共勉。

知识链接

【"麦当劳"译名逸事】

1990 年 10 月 8 日,麦当劳在中国的第一家分店于深圳落户。而麦当劳的成功早在很久之前便引起了中国业界的关注,对其经营之道的研究文章屡见于行业期刊,那些文章对麦当劳的称呼均为"麦克唐纳快餐公司"。相比之下,"麦当劳"这个译法上口、响亮,寓教育意义于谐音之中,妙极!

总有一桶金子属于你

● 智慧心语 ●

夫风生于地,起于青蘋之末。

——宋玉:《风赋》

见一叶落而知岁之将暮。

——《淮南子·说山训》

明者远见于未萌,而智者避危于无形。

——司马相如:《谏猎书》

故圣人见微知著,睹始知终。

——袁康:《越绝书》

一沙一世界,一花一天堂。

——布莱克:《天真的预言》

第三章

动者为王

◎导读◎

　　空想不能成就高楼大厦。一个人,只有让自己动起来,从小事做起,脚踏实地,才会离成功的彼岸越走越近。我们遍寻成功企业家的创业史,他们都是从小生意做起,不断积累原始资本,从而走上了成功之路。

■ 目标高远，也要面对现实的生活

从前，有两个人饿极了，一位长者给了他们一根鱼竿和一篓鲜活硕大的鱼，并说明他们可以任取其一。其中一个人要了一篓鱼，另一个人要了一根鱼竿，然后，他们分道扬镳，各走各的。得到鱼的人原地用干柴搭起篝火煮起了鱼，他狼吞虎咽，还没有品出鲜鱼的肉香，就连鱼带汤吃了个精光。可是，这条鱼吃完了之后，却再也没有一个老者送给他一条鲜鱼。终于，他饿死在空空的鱼篓旁。另一个人是一个有远见的人，他提着鱼竿继续忍饥挨饿，一步步艰难地向海边走去，他相信，只要他到了海边，就会有很多鲜美的大鱼可吃了。他走啊走，终于看见了蓝色的大海，可这时，他浑身的最后一点力气也使完了，他扑倒在地上，眼巴巴地看着大海，带着无尽的遗憾离开了人间。

这个故事，是企业家培训课上的一个例子。跟它一起还有另一个小故事：

又有两个饥饿的人，他们同样得到了长者恩赐的一根鱼竿和一篓鱼。但是他们没有各奔东西，而是选择在一起，一起寻找大海。他俩每次只煮一条鱼，分着吃，维持体力。经过遥远的跋涉，终于来到了海边，从此，两人开始了捕鱼为生的日子，几年后，他们盖起了房子，有了各自的家庭、子女，有了自己建造的渔船，过上了幸福安康的生活。

这个同样安全却不同结局的小故事给我们启示是：一个人只顾眼前的利益，得到的终将是短暂的欢愉；一个人目标高远，但不面对现实的生活，那他永远也不能抵达目的地。只有把理想和现实有机结合起来，才有可能

我的未来不是梦

成为一个成功之人。

著名的香港大亨霍英东小时候是一个苦孩子，从爷爷那辈开始，他们家就离开了陆地，长年居住在舢板上，被人称为"舢板客"，甚至贬称为"水流柴"、"蛋家仔"，意思是这样的人无家无业，像水上漂浮的柴片一样到处漂流，像浮在水面的半个鸡蛋壳，随时都可能被打翻沉入水底！

1922年秋天，霍英东就出生在这样的舢板上。穷得穿不上鞋子，有一年过年，霍英东的父亲特别穿了双新鞋上岸，可是在大排档吃馄饨时，他不知不觉间就把鞋子脱掉了，吃完后赤着脚就走，根本没想到自己还有一双鞋！"舢板客"的生活不但贫困，而且危机四伏。霍英东7岁那年，在一次风灾中，他的父亲因为翻船被淹死了。一家人悲痛欲绝。俗话说"祸不单行"，仅仅过了50多天，霍家的小船又一次翻在大海里，两个哥哥葬身鱼腹，连尸体都没有找回来！母亲死命抱住一块船板，侥幸被过路的渔船救下一条命。当时霍英东因为在海边找野蚝，不在船上，才躲过了这场灾难。

母亲再也不敢居住在舢板上了，带着霍英东和2个女儿，搬进了湾仔的棚户区，同另外50多家人，同住一幢破旧的房屋。这里一半的人都患有肺病，经常有人死去。母亲勉强维持着驳运的生意，同时还为船员洗补衣服，艰难地养活一家人。小小的霍英东，总也弄不明白为什么别人可以住上高楼大厦，而他们家却这样贫困。在河滩上玩耍时，他常常用泥土盖起一幢幢的"房屋"，兴冲冲地说："妈妈，这是给你的！姐姐，这是给你的！"

霍英东把这一切都牢牢地记在心里，化为自己勤奋读书的动力！他从小就立下了志向，要成为一个有用的人，拥有财富和幸福的人。但是他现在还是个孩子，他深知，只有现在学好本领，将来才有可能实现自己的梦想。每天晚上，他还要帮母亲做账、送发票，然后才能坐下来，一直读书到深夜。由于过度疲劳和营养不良，霍英东常常想倒下来大睡几天，但他仍支撑着那瘦弱的身子，一天一天地熬过来了。但他还是没读完中学就开始工作了，家里太穷了，霍英东不能再念书了，他必须要帮助母亲养家。

赤手空拳的霍英东，从香港社会的最低层，开始了他的人生奋斗。

霍英东找到的第一份工作，是在一艘旧式的渡轮上当加煤工。可是他

的身体实在太单薄了,顾得上铲煤就顾不上开炉门,刚上岗就被辞退了。不久,日本占领军扩建启德机场,需要大量劳工,但工资非常低,每天只给半磅配给米和七角五分钱。而霍英东从他家所在的湾仔乘车到机场,路费就得要八角钱!霍英东没有办法,只好多吃苦跑路,省下这笔交通费。他每天天不亮就起床,步行赶到码头,花一角钱渡过海,然后骑车赶到机场上班。劳工们干的都是苦力活,挖石抬土,消耗很大,但食物却很少,一天只能吃到一碗粥和一块米糕。霍英东总是感到又累又饿。有一天,工头让他去搬重达50加仑的煤油桶,结果被砸断了一根手指!那工头也是中国人,出于同情,把霍英东调去学做汽车修理工。可是没过多久,喜欢冒险的霍英东自己试开汽车,结果把车撞坏了,又被炒了鱿鱼。

那几年中,霍英东简直像俗话说的,"倒霉人喝水都牙痛"。有一天,他听说日本人高价收购海草制造药材,于是用经商的积蓄买了一艘大摩托艇,在炎热的夏天,带着80个渔民到东沙群岛上去采集海草。由于荒岛上缺乏淡水,缺乏食物,而温度又高达四十多度,他们过着地狱般的生活,苦苦熬了半年,结果打回的海草卖得的钱,刚刚能够开支,连一分钱都没赚到!

霍英东牢牢记得自己的宏伟理想,不管生活多么艰苦,生意多么不顺,他都没有让自己沦为生活的奴隶,他把少年时的理想牢牢地刻在心上。但是他也是个踏实的人,不眼高手低,不好高骛远,立足于现实,首先解决生存问题,踏实地走好人生的每一步。

有了这些理想做支撑,艰辛和挫折并没有打垮霍英东,反而给了他积蓄经验的机会。他积蓄起力量,等待着机会,他坚信自己总有崛起的一天!当时,在湾仔附近,有一家不大的杂货店,那是他母亲和13个合伙人共同买下的,霍英东曾在那里负责管理店务。那个店虽然小,生意并不差,有时他必须面对十几个顾客,应酬稍不周到,顾客就会掉头离去。他尽量做到眼快、嘴快、手快,留住顾客,做好生意。这种实际训练使他培养出了灵活的处事方法和敏捷的算术头脑,为他以后做大生意打下了坚实的基本功。

第二次世界大战结束后,霍英东终于以敏感的眼光,捕捉到了一个发财的机会。日本侵略军投降后,留下了很多机器设备,价钱很便宜,但稍加

总有一桶金子属于你

修理就可以用，也可以卖出不坏的价格。霍英东很想做这种生意，于是他成了个读报迷，专门注意报纸上拍卖日军剩余物资的消息，及时赶到现场，以内行的目光挑选出那些有价值的，大批买进，迅速修好后卖出。由于缺少资金，他难以放手大干。有一次，他看准一批机器，并且在竞买中以1.8万港元中标。他兴高采烈地回家请母亲凑钱交款，可是由于他经常冒险，母亲在生意上从来不肯信任他，也不肯给他钱去冒险。霍英东眼睁睁地看着一笔大买卖就要落空，正在着急，幸亏有一个工厂老板也看中了这批货，愿意出4万港元从他手中买下，霍英东净赚了2.2万港元，这是他在那几年中赚到的最大一笔钱了。虽然利润不算太大，但却为霍英东积累了最初的资本。正是因为有了这些资本，他后来才有机会进入地产业，成为香港赫赫有名的地产大亨。

霍英东的成功告诉我们，一个人，胸怀大志是对的，但也要兼顾好眼前的生活，要立足实际设计自己的人生蓝图，不然，饿着肚子设想未来，再伟大的理想也会夭折。

逐梦箴言

"向着某一天终于要达到的那个终极目标迈步还不够，还要把每一步骤看成目标，使它作为步骤而起作用。"霍英东很好地实践了歌德的教诲。

知识链接

【步足政界的霍英东】

霍英东（1923~2006），香港特区知名实业家、慈善家，中国人民政治协商会议十八、九、十届全国委员会副主席。新华网撰文称其为"著名的爱国人士"、"中国共产党的亲密朋友"。

■ 让我来想想办法

一天夜里,已经很晚了,一对年老的夫妻走进一家旅馆,他们想要一个房间。前台侍者回答说:"对不起,我们旅馆已经客满了,一间空房也没有剩下。"看着这对老人疲惫的神情,侍者又说:"但是,让我来想想办法……"

然后,侍者将这对老人引领到一个房间,说:"也许它不是最好的,但现在我只能做到这样了。"老人见眼前其实是一间整洁又干净的屋子,就愉快地住了下来。

第二天,当他们来到前台结账时,侍者却对他们说:"不用了,因为我只不过是把自己的屋子借给你们住了一晚——祝你们旅途愉快!"原来,这个侍者是个极富人性和爱心的人,他不忍心深夜让这对老人出门另找住宿。而且在这样一个小城,恐怕其他的旅店也早已客满打烊了,这对疲惫不堪的老人岂不会在深夜流落街头?

侍者自己一晚没睡,他就在前台值了一个通宵的夜班。两位老人十分感动。老头儿说:"孩子,你是我见到过的最好的旅店经营人。你会得到报答的。"侍者笑了笑,说这算不了什么。他送老人出了门,转身接着忙自己的事,把这件事情忘了个一干二净。

没想到有一天,侍者接到了一封信函,打开看,里面有一张去纽约的单程机票并有简短附言,聘请他去做另一份工作。他乘飞机来到纽约,按信中所标明的路线来到一个地方,抬眼一看,一座金碧辉煌的大酒店耸立在他的眼前。

我的未来不是梦

　　原来，几个月前的那个深夜，他接待的是一个有着亿万资产的富翁和他的妻子。富翁为这个侍者买下了一座大酒店，深信他会经营管理好这个大酒店。这就是全球赫赫有名的希尔顿饭店首任经理的传奇故事。

　　事情都是从一个富有同情心、满怀仁爱的侍者的智慧头脑开始："让我来想想办法……"

　　如果说这个经理的成功还有一些幸运，那么，商业奇才莎伦？费雪的成功，会更让人信服。费雪曾经说过：开动脑筋就可以想出千千万赚钱的好主意。开动脑筋就能赚到钱吗？读了费雪的故事，你会有所感悟。

　　莎伦·费雪在10年前创办了一家游戏计划公司。公司的工作就是通过有趣的活动来帮助客户公司传达他们的信息，这个信息可能是公司要向自己的员工传达的，比如公司可能要推出新的产品，希望训练销售人员把工作做得更好；也可能是向外界传达的，比如公司在商品展销会上开设一个柜台，希望吸引人们的注意力。费雪的公司做的就是这样一些组织策划的活动。

　　是的，费雪的公司有点好知，这是什么公司啊？看上去就像是在搞笑，但就是这样的一个公司，却做了大事业。他们曾经帮助迪斯尼出版公司推出一个新的冒险杂志。为了推出这个新杂志，迪斯尼连续4个晚上举办庆祝活动。费雪为他们精心策划组织了一场猜谜比赛现场活动，通过这场比赛介绍了这个杂志所刊登的社论和文章。他们请观众上台参加比赛，台下的观众也配合台上的猜谜活动。这是一个广泛参与的台上台下互动的猜谜活动，通过这个活动人们知道了迪斯尼的冒险杂志有哪些内容。

　　是的，这个策划使迪斯尼取得了巨大成功，当然，费雪的公司，得到迪斯尼这个世界级大公司的肯定和赞许。

　　那么，费雪是如何走上这条道路的呢？

　　费雪有一个娱乐学学位，她做过各种各样的工作，担任过基督教青年会的特别活动部主任，也当过城市娱乐部的特别活动办公室主任，还为一个旅游点组织过特别活动。在35岁的时候创办了自己的游戏计划公司。

　　费雪认为，只要你睁大眼睛去寻找，其实生活中有许多可以做的事。

"看看你的周围,看哪些事情是潜在的客户愿意购买,愿意有人为他们做的,而这种服务现在又没有人提供。"

费雪举例说,美国现在有数千万单身妇女从事白领工作,她们对机械修理方面的事不在行,比如她们对修车就一窍不通,车坏了送去修理要花许多冤枉钱,因为她们不懂车。如果有人懂车,愿意为要修车的人提供服务,把他们的车送到修车铺去,确保他们不会被敲诈,这种服务一定大受欢迎。费雪说,类似这样的事情有千千万万,只要你用心地去找,看自己和其他人的生活里缺了点什么,是否有人愿意购买这种服务,就可以想出赚钱的好主意来。

费雪还举了一个石头宠物的例子。她说:"有人把不同大小的石头用胶水黏在一起,在上面画上眼睛,安上小耳朵和小尾巴,这就是石头宠物。他们竟然通过出售石头宠物赚了十亿美元。"

但费雪的公司也不是一帆风顺的,启动这样一个公司,需要大笔启动资金。资金从哪里来呢?费雪再一次开动了脑筋——

她用准备买房子的钱做启动资金,把钱全部投入公司,自己仍然租房子住。能够自己兼任的工作,都由自己兼任。不能完成的雇人来做,一人身兼数职。找兼职的会计师和律师,可是,谁愿意在一个不起眼的小公司里身兼数职忘我工作呢?这是个难题。

费雪说,在创办小公司的过程中最难的是寻找能为自己工作的人。她说:"因为在小企业里,每个人都得是万金油。很难雇一个只能做某种特定工作的人,必须找有多种才能的人,能做很多种工作,而且还得能跟其他人合得来。"这就需要老板开动脑筋,想出办法找到这样的人,还要不断地激发他们的工作热情。因为公司里有很多琐碎的事情需要有人来做,比如打扫卫生,装卸货物等等。这些事谁都不愿意做。然而在小公司里,这些事不请专人来做,大家都得干,因此如何推动员工去做这些琐碎而辛苦的工作也是一大挑战。

有一百个问题,就有一百零一个办法,办法总比问题多。总之只要你肯开动脑筋,任何问题都是有办法解决的。

总有一桶金子属于你

看罢今人的故事,再听先贤的箴言:"思维是灵魂的自我谈话"柏拉图如是说。

知识链接

【希尔顿酒店】

希尔顿酒店,世界最大的连锁酒店之一。总部位于美国加利福尼亚州贝弗利希尔斯。

■ 对面才是实现梦想的地方

我们身边有很多这样的人，他们心中有一个伟大的梦想，但却没有机会去实现。而对手边的事情又因为缺乏兴趣而不能投入，可是，为了生活，他们又不得不数十年如一日，长年累月地从事这项乏味的工作。浑浑噩噩，糊里糊涂混去了一生。然后在老年的时候，回首往事，无限感慨地追忆逝去的时光。

其实，成功有很多种，成功的路有很多条。不一定非得坚持少年时的梦想才叫做成功。有时候，变通一下，换个角度思考，问题就很容易解决。同样的道理，追求成功的路，可能就对你的对面，你只要跨过去，成功就离你不远了。

少年康拉德·希尔顿也有一个梦想。他的梦想是开一家银行，当一名风度翩翩的银行家，坐在银行大厦经理办公室的转椅上，处理着大笔大笔的金融业务。但是，这个梦想对他来说，太遥远了。

希尔顿出生在经济危机袭掠过后的美国，他的童年都是在贫困中度过的。童年时，家里经营一间由倒闭的五金店改成了家族式旅馆，父亲当总管，母亲做饭菜，而希尔顿和弟弟卡尔责无旁贷地担负起揽客的任务。希尔顿一家惨淡经营的这家小旅馆总是摇摇欲坠，时时面临破产的威胁。为了帮助父母，希尔顿不得不努力学习经营小旅馆，积累了很多管理旅馆的经验，但却离他自己的梦想仍然遥远。

希尔顿始终没有忘记自己的理想。后来，希尔顿终于有机会了，那时第一次世界大战尚未结束，父亲车祸身亡，希尔顿从战场上回到家中，他的

手头只有 5000 美元,梦想怎么成真呢?

希尔顿把眼光投到了当时因石油而兴盛的得克萨斯州,那里云集着大批来发石油财的冒险家们,在那里开银行一定大有作为。但事情却不像他想得那样顺利。他在那里走遍了所有的银行,没有一家肯出卖。最后他谈定的一家,明明谈妥的价格,却在第二天被告知改变了计划,希尔顿一怒之下,放弃了收购这家银行的想法。

余怒未消的希尔顿来到马路对面的一家名为"莫布利"的旅馆准备投宿。谁知旅馆门厅里的人群就像沙丁鱼似的争着往柜台挤,他好不容易挤到柜台前,服务员却把登记簿"啪"地一合,高声喊道:"客满了!" 接着,一个板着脸的先生开始清理客厅,驱赶人群。他毫不客气地对希尔顿说:"请离开客厅,8 小时后再来碰运气,看有没有腾空的床位,因为我们这里每天 24 小时做三轮生意的。"希尔顿憋了一肚子气,忽然灵机一动地问:"你是这家旅馆的主人吗?"对方却诉起苦来:"是的。我就是陷在这里不能自拔。我赚不到什么钱,不如抽资金到油田去赚更多的钱。""你的意思是,"希尔顿压抑住自己的兴奋,故意慢条斯理地问,"这家旅馆准备出售?""任何人出 5 万美元,今晚就可以拥有这儿的一切,包括我的床。"旅店老板下定了卖店的决心。

3 个小时后,希尔顿在仔细查阅了莫布利旅馆账簿的基础上,经过一番讨价还价,卖主最后同意以 4 万美元出售。希尔顿立即四处筹借现金,终于在一星期期限截止前几分钟将钱全部送到。莫布利旅馆易了主,希尔顿干起了旅馆业。他随即给母亲打电报报喜:"新世界已经找到,锡斯科可谓水深港阔,第一艘大船已在此下水。"

当天晚上,莫布利旅馆全部客满,连希尔顿的床也让给客人住下了。他只好睡在办公室里。夜里,他做了一个梦,梦见得克萨斯州镶嵌着一连串的希尔顿饭店。当然,要使美梦成真,还得一番努力。但这位未来的"旅馆大王",毕竟已成功地写下了他的发迹史的第一页。

希尔顿虽然曾在"家庭式旅馆"中做过招揽顾客的小职员,但真正悟出经营旅馆业务的一些原则,并逐步迷上这一行业,却是在他当上莫布利旅馆的老板之后。

莫布利是个小旅馆,往往是客人过多而无法安排。希尔顿经过不断思考和摸索,对它进行了有效地改造。这种修改给旅馆增加了一笔可观的收入。希尔顿由此悟出了经营旅馆业的第一个原则,即"装箱技巧",把有限的空间巧妙地加以利用,使旅馆的土地面积和空间产生最大的效益。他后来又称之为"探索黄金"原则,意思是要使旅馆的每一尺地方都产生出"金子"来。

这时,他已经完全忘记了小时候的梦想——如何成为一个更大的旅馆老板。现在,他的梦想是成为旅馆业大王。

希尔顿实现了他的美梦,成了名副其实的美国旅馆业大王。这时,他的目光已超出了美国,而放眼世界旅馆事业,成立了国际希尔顿旅馆有限公司,在全球已拥有二百多家旅馆,资产总额达数十亿美元,每天接待数十万计的各国旅客,年利润达数亿美元,雄居全世界最大的旅馆的榜首。现在,"希尔顿"已遍布全球,除南极之外,几乎各地都有。希尔顿的事业跃上了新的巅峰,成了世界旅馆之王。

希尔顿的故事告诉我们,放弃自己不能实现的梦想,不是从此放弃志向,而是为了拥有了更大的梦想,那个摸得到够得着的、能够成功的梦想,有时候,就在马路的对面。

逐梦箴言

本文讲的是旅店大亨,而汽车大亨福特也说:"失败不过是一个更明智的重新开始的机会。"成功之道,每每相通。

知识链接

【康拉德·希尔顿】

康拉德·希尔顿(Conrad Hilton,1887～1979),美国企业家,希尔顿酒店集团的创立者。

■ 以动制动，赢在路上

19岁的汤蒂因遭遇了一生中的第一个大难题，他被上海著名的益新教育用品社封杀了。这时，她刚刚开了自己的店——现代物品社。益新之所以封杀汤蒂因，是因为汤蒂因曾是益新最优秀的销售员，益新希望挤垮现代，让汤蒂因走投无路，再回到"益新"去！

"益新"的老板使用了一个极为巧妙的手法：前断客户，后断货源。他向全国各地的用户发出通知，声明："上海最近有一家文具批发店，大发广告，招摇撞骗，请勿轻信；如有吃亏上当，责任自负，与本店无关。"另外，"行大欺客，客大欺行"，汤蒂因的现代物品社，比起益新教育用品社来，自然是小巫见大巫，不能望其项背。"益新"的老板以此为优势，通知各厂商，如果和现代物品社往来，就不要再和"益新"做生意。

这办法果然灵验。"益新"的老板不愧是生意场上经验丰富的老手，他一下子就找到了进攻的最佳策略。客户不明真相，惟恐吃亏上当，自然不去冒险和现代物品社做买卖；规模较小的厂商，慑于"益新"的威胁，不敢得罪"益新"，批货就没有原来痛快了，有的干脆表示歉意，不批发货给现代物品社了。

没有客户，没有货源，汤蒂因这个白手起家的女老板，还没有站稳脚跟，就遭到了狠命的一击。汤蒂因似乎走投无路了。但汤蒂因很快就反应过来了。当她从打击中清醒过来后，马上就明白自己该怎么去做了。

她先打出了第一拳——攻破销售关。她连夜草拟了一份通知，字斟句

酌，仔细修改，力图清晰明了，第二天便复印了若干份，寄往全国各地的客户手中。她在通知中说明，现代物品社货真价实，信誉可靠，愿与各地客户增进联系，互利互惠。汤蒂因知道通知仅限于此，还不足以招徕客户，赢得客户的信任。所以，她根据在"益新"工作时了解的情况，对那些信用可靠的客户，给予优惠，即放账或邮购的方式，用户收到通知，只需寄来一张订货单，等收到货、验过质量之后再付款。

汤蒂因这一大胆的举措很快收到了效果。那些被允许放账的客户，当然是喜不自禁：可以先验货后付款，这便对他们有了许多保证。货好，他便付款；货不好，他可以拒收拒付，无论如何不会有损失。而那些一时还不能被确认放账的用户，看到现代物品社有这样的胆量和气魄，还有什么可怀疑的呢？

通知发出去没有多久，她便收到了很多要货单。"生意做成一半了"，她翻动着面前的订单，高兴地对母亲说："'益新'的老板断不了我的客户了"。

她现在开始打出第二拳——攻破进货关。她仔细分析了厂家和商店不愿意批货给她的原因，大多是出于不愿"丢了西瓜拣芝麻"："益新"要货量大，厂商赚头也大，他们当然不能得罪了大客户而去满足赚头小的小客户。益新已经有话在先，他们不想砸了自己的生意，也在情理之中。

这样一分析，汤蒂因就知道了从何下手，那些中小厂商不是慑于"益新"的威胁而不敢批货吗？那么我就找那些规模比"益新"大的厂商，他们是不会听凭"益新"摆布的。她很快将集中起来的订货单一一分类，到上海滩有名的"合记"、"合众"、"育新"、"鼎新"等文具店去批发进货。这些文具店果然是有生意就做，对"益新"的通知毫无顾忌。

汤蒂因就这样以动制动，成功打破了"益新"老板为她设计的铜墙铁壁的封锁圈，优雅地进入了文具的行业。汤蒂因之所以能够采用这种积极的态度去处理问题，是因为受到了一件事情始她深受教育，几十年仍然记忆犹新。那时她刚在益新工作不久。

当时中国的金笔制造业，还是门十分年轻幼稚的工业，就连近代资本

我的未来不是梦

主义发展最早的上海，也只有 10 多年的生产历史。因此陈列在柜台上的国产金笔，只有先后问世的关勒铭、金星和华孚等屈指可数的几个品种，而且工艺和式样都无法同舶来品相比。

中国的金笔制造业之所以发展缓慢，是因为从它的诞生之日起，就受到外国资本的疯狂排斥。最早垄断国内市场的是日本货，这些几乎是随同"九一八"践踏我国东三省的日本皮靴一道拥进来的金笔，因价格低廉，每支只售二三角，远远低于国产的成本，所以很快占领了我国的市场。紧接着，美国的"康克令"、"华脱门"、"爱弗释"、"犀飞利"和"派克"等老牌金笔又蜂拥而至，铺天盖地地雄踞于上海十里洋场。此时上海各大文具商店、书店，特别是著名的"永安百货"、"先施百货"、"新新百货"等大公司，往往只经销一种或两种以上的进口金笔，国产金笔却被拒之于柜台之外。

有一件事，让汤蒂因在几十年后记忆犹新：创立以后闻名全国的金星金笔厂的老板周子柏，为了让自己的金星金笔打入永安这样的大公司，不惜采用一条苦肉计。他先是派人不断拥到永安公司柜台上去询问"有没有金星笔？"然后再托人向永安公司的金笔柜长、进货部长送礼说情，请求他们试销。如此好一番周折，永安公司才终于答应采取"寄售"方式销销看，但要等到货卖出后才算成交。如果一个星期内无人问津，货物全部退回。周子柏把货送进永安公司后，每天派厂里和家里的人装扮成专买金星笔的顾客，一支一支地把寄售的笔再买回来，造成金星笔大有销路的假象。这样持续了一段时间，总算在"永安"等大百货公司打开了一线销路。

这件事情对小小的汤蒂因造成了很大的冲击，让她认识到，一个人如果想要成功，遇到任何困难都不能坐以待毙，要在重重困难中理出思路，找到问题所在，然后一一加以解决，条分缕析，那么，一切问题都会迎刃而解。

汤蒂因就是这样做的，这让她一步一步走进了金笔行业，终于成为这个行业里的女王。她缔造的"绿宝"金笔至今人们还在使用，成为不倒的金笔品牌。她本人，后来被人亲切地称为"金笔汤"。

逐梦箴言

美国诗人、外交家詹姆斯·拉塞尔·罗威尔曾说过："每个人都本能地感觉到所有美丽的情感加在一起也比不上一个值得敬佩的举动。""金笔汤"的事迹正印证此话。

知识链接

【汤蒂因】

汤蒂因(1916～1988)，绿宝金笔厂创始人，民族制笔工业女杰。1980年出版自传《金笔缘》。

·智慧心语·

为者常成,行者常至。

——《晏子春秋》

纸上得来终觉浅,绝知此事要躬行。

——陆游:《冬夜读书示子聿》

最大的危险是无所行动。

——肯尼迪

没有一件工作是旷日持久的,除了那件你不敢着手进行的工作。
——波德莱尔

行动是必需品,思辨是奢侈品。

——柏格森

第四章

在商言商

总有一桶金子属于你

◇导读◇

　　商人以赚钱为目的,商业的终极目标就是利润。一个优秀的商人,必须学会站在商人的角度思考问题,站在市场经济的立场处理问题。在商言商,无可非议。但商人亦有商人的气节,商场亦有商场的道义,所谓君子爱财,取之有道。

■ 亦正亦邪的商业帝国主宰者

在我们的星球上，每5辆轿车中就有1辆是通用公司制造的，就连停在月球表面的唯一一辆汽车都是"通用"的产品。

美国通用公司是世界上最大的公司。他的员工总数超过美国海军和海军陆战队人数之和。它拥有的资产超过世界上24个最大国家之外的其它一切国家资产总和，它有有300家工厂或机构，产品从微晶片至导弹，无所不有。

这个名副其实的世界第一大企业的董事长，名叫罗杰·史密斯却是个颇有争议的人。商业报刊和工业观察家对罗杰的看法很不一致。有人称他为"幻想家"、"时代的革新家"，还赞誉他为热衷于为美国节省劳动力的人。但也有的人说他不好，甚至说得很不堪。最有意思的是，有一家报纸第一年把罗杰列入美国最差10位管理人员，第二年把他列入美国最佳10位管理人员，第三年又把他列入最差10位管理人员。记者们甚至称罗杰为"犯大错误的人"和悲剧人物。

通用的一位副总裁评价罗杰说："我从未遇到过对工作比他更胜任，而对人比他更漠不关心的人。"在工作上，他是个战略规划大师，他有得天独厚的无限精力。从早上7点到下午6点，他一天所投入的精力，比3个一般管理人员投入的都多。他把每一秒钟都安排好，仿佛每一个宝贵的瞬间都关系到公司盈亏。罗杰的内部办公室很大，他每天就坐在那张大办公桌前，绘出庞大的"通用帝国"这只大船的航程。罗杰初次去通用公司应聘时，

只有一个职位空缺。他信心十足地对接见他的人说："工作再棘手我也能胜任，不信我干给你们看……"后来接见他的人告诉同事说："我刚才雇到一个人，他想他将成为通用公司的董事长。"罗杰踏进通用公司大门后，就表现了非凡能力。领导交给他一项任务，对国外子公司情况进行评估，他提供的报告长达100多页，甚至压倒了他的上司。

但他又是一个刻薄的人，对没有进取心的部下极尽挖苦之能事。如果什么事不对他的心意，或者工作进度不够快，他会搅散重要的委员会会议。一位公共关系部主任承认说："人们简直不能和罗杰友好相处。"下属工厂的一个监工说："谁也不相信他会关心任何人，他只关心自己和红利。"罗杰上大学时的教授大卫也在通用公司工作，谈到罗杰时，他说："他是一个冷酷的家伙，在这世界上，他只关心他手中的公文箱。"一位秘书回忆说："罗杰当时是个见人不说'早安'的人，而且永远不和清洁女工说上一句话，因为他觉得这对他没用。"

看上去，罗杰是个很有缺点的人。在公共场所会感到不自在，神经质地拽耳朵或扶眼镜。在讲台上发言，他照稿宣读，无停顿，也无加重语气。他毫不考虑听众，从不让听众在精彩处有喘息的机会。在办公室里，罗杰说话也像发机关枪似的，由于匆忙，常常把单词说错。

罗杰的身材瘦小，然而，他所拥有的权力却令人敬畏。通用公司世界总部大楼坐落在美国的底特律市，罗杰的办公室在第14层楼，公司最高领导层都在第14层。若要去见罗杰，你必须通过两道防弹玻璃门，第一道有武装警卫把守，第二道由一位名叫希尔达的可爱英国小姐保护着。假如有个陌生面孔试图通过她时，她就会变得像卫兵一样凶。

罗杰的办公室外半部有50平方米，坐着两位女秘书，她们的办公桌大得会使大多数高级职员昏倒。这两位小姐跟警卫和希尔达一样，像地狱门前长着3个脑袋的狗那样在守卫着。罗杰的首席秘书玛丽，对副总裁都不放在眼里。副总裁早到几分钟，她会皱眉头，叫他回到外部客厅等候。

按照通用的传统，人们对公司的最高行政长官特别崇敬。这是一种对半军事化组织的统治集团权威的内心尊敬，但他们对罗杰则不然。通用公

司的走廊和更衣室里，有很多取笑罗杰的笑话。一天，一个辞职的高级员工走到14层楼时，有人给了他一张在各种场合都流行的卡片，上面写道：

　　　　事情搞不好通常免不了，

　　　　每天走的路全是上坡，费力不讨好。

　　　　当资金缺少债台高筑，

　　　　真想把职辞掉——

　　　　不要来找我，你什么也捞不着！

　　下面是罗杰·史密斯的签名。在公共关系部的职员内部，传阅着一个更令人感到不快的卡片——一幅罗杰的画像，大号字写着"艾滋病"，接着用小号字写着"后天亏损综合症，如你在通用公司工作，必遭此人的压迫而患此病。"

　　但也有人对罗杰的评价相当好。一位专门为报纸写专栏文章的女作家安？兰德斯说："罗杰是个彬彬有礼、不摆架子、带点孩子气的人。他总是使人们无拘无束，从不倚势凌人。"她又说："有些人表面一套背后一套，罗杰不这样，他直率明朗。我想买一辆特殊型号、特殊颜色的凯迪拉克轿车，可跑遍了芝加哥也没买到。我请罗杰帮忙，他放下手里的工作，记下细节，给全国各地打电话，就在当天给我找到了我想买的车。"

　　另一位与罗杰有30多年交情的朋友说："我从没听说过罗杰提高嗓门对任何人说过一句无情的话。"

　　有一次，罗杰中断了赴德国的公务之行，飞往纽约，来回花费12小时，只是为了参加他朋友之女的婚礼。有一年他也是全美"喜欢家庭生活的男人"的主要候选人。

　　罗杰的另一位朋友说："他是我见过的最忠诚的丈夫和慈爱的父亲。你们应当看看他跟4个孩子是怎样和谐相处的。我知道这似乎平淡无奇，但我必须对你说，这真是令人感动的家庭情景。"

　　有个邻居讲了罗杰私生活中的一个典型故事。她说："一天早晨，我身穿浴衣，手提垃圾袋走到大街上，垃圾袋突然裂开了，垃圾洒了一草坪。一辆凯迪拉克轿车突然停住，一位衣冠楚楚的人下了车帮我抢垃圾。当我谢

我的未来不是梦

谢他时，他似乎还感到难为情。他没说他是谁，但我知道他住在这条街上，是通用公司董事长，当时他也许是去开什么重要会议。"

罗杰有4个孩子。他的妻子芭芭拉说："这些孩子都是罗杰的最亲密的朋友，对他来说，再没有比这些孩子更重要的了。"罗杰最宠爱最小的孩子觉罗。这父子俩是固定伙伴，他们定期一起去钓鱼、打猎，几乎每晚玩纸牌。通用公司公共关系副总裁杰克说："我曾和罗杰一起出门，他坚持晚上乘专机飞回，好在清晨两三点钟进家门，以便在小儿子送报前和他一起进早餐。"觉罗是世界上最大公司老板的宠儿。在他生长的城市里，所遇到的一半人靠他父亲的公司吃饭。但令人惊奇的是，他却是一位非常普通的做散工的青年。他态度自然，尊敬别人，特别尊敬成年人，出门要向父母请示。罗杰说："觉罗以为隔壁邻居是有钱人，而我们家不是。"

就是这样一个人，带着全世界最大的公司——"通用帝国"这艘舰船在商海中破浪前行，屡建奇功！

逐梦箴言

"判断一个人当然不是看他的声明，而是看他的行动，不是看他自称如何如何，而是看他做些什么和实际上是怎样一个人。"这句话出自何人？恩格斯。

知识链接

【通用汽车公司】

通用汽车公司，全球最大汽车制造商，总部位于美国的汽车城底特律，旗下拥有凯迪拉克、雪佛兰等知名品牌。

■ 转动思维，商机就在转念间

　　有一家效益相当好的大公司，为扩大经营规模，决定高薪招聘营销主管。广告一打出来，报名者云集。

　　面对众多应聘者，招聘工作的负责人说："相马不如赛马，为了能选拔出高素质的人才，我们出一道实践性的试题：就是想办法把木梳尽量多的卖给和尚。"绝大多数应聘者感到困惑不解，甚至愤怒：出家人要木梳何用？这不明摆着拿人开涮吗？于是纷纷拂袖而去，最后只剩下三个应聘者：甲、乙和丙。负责人交待："以 10 日为限，届时向我汇报销售成果。"

　　10 日到。负责人问甲："卖出多少把？"答："1 把。""怎么卖的？"甲讲述了历尽的辛苦，游说和尚应当买把梳子，无甚效果，还惨遭和尚的责骂，好在下山途中遇到一个小和尚一边晒太阳，一边使劲挠着头皮。甲灵机一动，递上木梳，小和尚用后满心欢喜，于是买下一把。

　　负责人问乙："卖出多少把？"答："10 把。""怎么卖的？"乙说他去了一座名山古寺，由于山高风大，进香者的头发都被吹乱了，他找到寺院的住持说："蓬头垢面是对佛的不敬，应在每座庙的香案前放把木梳，供善男信女梳理鬓发。"住持采纳了他的建议。那山有十座庙，于是买下了 10 把木梳。

　　负责人问丙："卖出多少把？"答："1 000 把。"负责人惊问："怎么卖的？"丙说他到一个颇具盛名、香火极旺的深山宝刹，朝圣者、施主络绎不绝。丙对住持说："凡来进香参观者，多有一颗虔诚之心，宝刹应有所回赠，以做纪念，保佑其平安吉祥，鼓励其多做善事。我有一批木梳，您的书法超

群,可刻上'积善梳'三个字,便可做赠品。"住持大喜,立即买下1000把木梳。得到"积善梳"的施主与香客也很是高兴,一传十、十传百,朝圣者更多,香火更旺。

把木梳卖给和尚,听起来真有些匪夷所思,但不同的思维,产生了不同的结果。这个人在别人认为不可能的地方开发出新的市场来,因而赢得了市场,也赢了工作。

道理很简单,就是转动了一下思维,让自己的思维从固定的模式中突围出去。

杰依的成功,也是这样充满戏剧性的偶然。

杰依很小的时候,就开始出去赚钱了,因为他的开汽车修理行的父亲健康出了问题突然生了重病。那时,他大学还没毕业,只放放弃学业,担起了养家的重任。从此,年纪轻轻的杰依开始在社会中摸爬滚打。他当过汽车修理工,也做过房地产的经纪人。但没有一件工作能让他赚到大钱,杰依.索伦森44岁的时候还是一个非常普通的人。

如果没有十年前发生的一桩小事,也许他的一生就要在平凡和庸碌中度过了。

那天,杰依把一杯热咖啡洒到了身上。当时他想,要是有个不烫手的杯子就好了,让人们既可以喝到热咖啡,又不会因为喝个咖啡惹麻烦。可是,怎么才能做出不烫手的纸杯呢?他左思右想,终于想出了一个主意——在杯子外面加个套。杰依先用纸做了一个模型,在纸杯上试来试去。可怎么试都不太理想,杯套很快就热了起来。

一天,他在街上看到上面带着小泡泡的厚纸巾,眼睛霍然一亮。于是,他用硬纸板作材料,在上面压出一个个小泡泡,把它套在纸杯外面。这些小泡泡使人的手不直接和纸杯接触,因此端热咖啡的时候就不烫手了。杰依喜出望外,他的杯套成功了。

他先做了一些样品,然后找到一个纸产品加工商。他把生产工作交给加工商后,自己出去推销产品。第一次参加展销会,就签了100多份合同。这极大地鼓舞了他的信心。后来,他又在贸易杂志上打广告,参加了更多的商品展销。在那些展销会上,他和妻子收集了许多参观者的名片。回来后,他俩就把杯套样品和介绍材料寄给这些人。很快就有许多人打电话和来信订购他们的产品。在投产 30 天后,他们就开始盈利了。

现在,杰依的已经成立了自己的杯套公司叫贾瓦杯套公司,公司里有四名雇员,年销售额已经超过 1 000 万美元。他们不仅面向美国,还同加拿大和澳大利亚的公司签署了专利使用许可协议,允许他们在加拿大和澳大利亚生产他的贾瓦杯套。

杰依为创办这个公司到底花了多少启动资金呢?杰依说,他没向银行贷过款,只是在一开始的时候向父母借过 1 万美元,用于请律师申请专利。他的全部启动资金不到 1 5000 美元。 小投资换取大利润,杰依的成功算是一个成功的典范。总结杰依的成功,一个最重要的因素就是思维。

转动你的思维,有时候,商机就隐藏在不经意的转念间。

逐梦箴言

法国诗人拉马丁有句话说得极好:"人凭思考变成神"。

知识链接

【住持】

住持,主持一个佛寺或道观的僧尼或道士。

■ 比出来的硬道理

20 世纪 90 年代初，电子游戏机刚开始流行，重庆北碚的一家电子玩具专卖店，引进了两种电子游戏机，它们型号大小不同，质量相差无几，价格也一样。可是把它们摆在柜台上却很少有人光顾。这可愁坏了老板。为了打开销售局面，这个店特意招聘经理。只要能够卖出游戏机，就可应聘本店经理，还可以拿到高薪。

前来应聘的女经理不慌不忙，她并没有长篇累牍地做繁琐的销售计划，也没搞上门推销那一套，她只是在两款游戏机的价格签上动了动手脚——把型号小的游戏机从 80 元提到 160 元；型号大的游戏机价格不变。大家将信将疑，不相信这样就会有人购买。

可是，奇迹出现了，几千台两种型号的游戏机很快就被抢购一空。

人们百思不得其解。女经理给大家讲解了她的道理：

其实，我只是利用了人们的普遍的消费心理，我把外型小的游戏机价格提了一倍。有人看到型号又大、价格又便宜的游戏机并不比标价高的那种质量差，以为捡到了便宜，机会难得，毫不犹豫将其买下。而另一些有派头的人，看到型号小、价格反比型号大的游戏机高出 80 元，以为遇到了"真货"，就慷慨解囊，趁游戏机盛行之时，送给上司的宝贝儿子。

没改变价格前，两种游戏机都卖不出去，有意提高小型号游戏机的价格，使两种游戏机的价格形成强烈的对比，引起顾客的购买心理，竟然收到了如此良好的促销效果。"不比不知道，一比吓一跳。"有比较才有鉴别。

这就是比出来的硬道理。

日本小汽车进入市场之初也是利用了这个原理。

我们知道，日本小汽车生产出来的时候，美国、德国的小汽车已在国际市场先后称霸，面对实力雄厚的强大对手，善于钻营的日本人发起了低价对比销售的战术。

当时，一向自负的美国人根本没把巴掌大的日本放在眼里，当日本人带着小汽车到美国游说时，美国人嘲笑日本人总会模仿别人，不会有什么新花样。日本人并不动怒，降低小汽车的价格，以不亏本为准，劝说美国人试着买、试着用。不管在多么傲气的国度，爱占便宜的人总是大有人在，傲气冲天的美国人看到比同类产品便宜大半的日本小汽车时，开始主动光顾，几年后，人们发现，日本小汽车比美国价便宜，但性能质量并不比美国车差，日本产品日益赢得了美国人的信任，日本人见占领美国市场的时机已到，便以一个客人的口气，耐心的向美国人介绍自己的小汽车，劝说美国人放弃自己的产品，少出几美元买日本货。经过几年苦口婆心的诱导，日本人终于打入并占领了世界汽车市场。目前，日本的丰田牌汽车同美国的福特汽车已在国际汽车市场抗衡，最终谁是赢家，还得让时间说话。

无独有偶，中国猪鬃大王古耕虞也使用了这个办法。

1934年，有银行背景的朱文熊来到重庆，他以为自己有从事国际贸易的经验，又有当时最大的银行作后台，完全有把握同古耕虞唱一出对台戏，就投资500万元，成立了一家合中公司。这时，古耕虞已经成为垄断美国市场的猪鬃大王，朱文熊就是看到了其中的巨大利润才进入这个行业的。合中公司开张后，朱文熊就亲自登门找到古耕虞，要古耕虞将虎牌猪鬃全部交给他，由他负责出口交易。古耕虞当然不会接受这种条件，他强压下心中的不快，委婉地谢绝了朱文熊的建议。朱文熊也很不高兴。他认定商业竞争的规律是"大鱼吃小鱼"，他的年纪比古耕虞大，资本比古耕虞多，经验比古耕虞丰富，后台比古耕虞硬，合中公司理所当然是条"大鱼"，现在他这条"大鱼"情愿与古青记这样的"小鱼"合作，古耕虞居然不识抬举，岂不是自取灭亡？

朱文熊决心要给古耕虞点厉害看看。他连夜炮制出合中公司高价收购

我的未来不是梦

猪鬃的广告,第二天消息就传遍了重庆。商人们唯利是图,当然纷纷将猪鬃卖给合中公司。古耕虞明知朱文熊这一招是冲着他来的,目的就是断绝古青记的猪鬃货源。他表面上不动声色;暗地里狠抓自己的虎牌猪鬃的质量。

古家经营猪鬃生意已有 3 代历史,收罗了不少技术人才,也积累了丰富的加工经验,提高产品质量很有一套,所以才能保持虎牌猪鬃生意的久盛不衰。朱文熊依仗的是财大气粗,一时间哪里能聚集起过硬的技术力量?加上他收购的猪鬃原料中就混有大量次品,所以几千箱猪鬃运到英国后,根本没有人买。朱文熊不甘心,又以高薪招聘技术人员提高质量,并改用"飞虎"牌商标。会"飞"的虎当然要比一般的虎更强!朱文熊向伦敦的货主拍胸脯担保说,他的飞虎牌猪鬃质量一定比古耕虞的虎牌猪鬃更好!

古耕虞等朱文熊的飞虎牌猪鬃卖出后,有意降低虎牌猪鬃的价格。俗话说:"不怕不识货,只怕货比货"。英国商人不是呆子,一比较就看出,事实根本不是朱文熊宣传的那样,而是虎牌猪鬃的质量高而价格低,飞虎牌猪鬃的质量差而价格高!于是纷纷向朱文熊要求退货退款,并要求赔偿损失。古耕虞用比较的方法,获了个全胜。

在商言商,说得好不如做得好,商品自己会说话。两种或几种商品摆在那里,日久天长,它们自己就说出了自己的优缺点。这就是比出来的硬道理。

逐梦箴言

真正的优势,是"比较优势"。

知识链接

【古耕虞】

古耕虞(1905 ~ 2000),企业家,曾一度总览全国猪鬃出口业务,获"猪鬃大王"之称,著有《论国际贸易和经济建设》一书。

■ 明白自己和他人想要什么

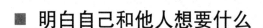

　　美国的一个摄制组,想拍一部中国农民生活的纪录片。于是他们来到中国某地农村,找到一位柿农,说要买他 1 000 个柿子,请他把这些柿子从树上摘下来,并演示一下贮存的过程,谈好的价钱是 1 000 个柿子给 160 元人民币,折合 20 美元。

　　这位柿农很高兴地同意了。于是他找来一个帮手,一人爬到柿子树上,用绑有弯钩的长杆,看准长得好的柿子用劲一拧,柿子就掉了下来。下面的一个人就从草丛里把柿子找了出来,捡到一个竹筐里。柿子不断地掉下来,滚得到处都是。下面的人则手脚飞快地把它们不断地捡到竹筐里,同时还不忘高声大嗓地和树上的人拉着家常。在一边的美国人觉得这很有趣,自然全都拍了下来。接着又拍了他们贮存柿子的过程。

　　美国人付了钱就准备离开,那位收了钱的柿农却一把拉住他们说:"你们怎么不把买的柿子带走呢?"美国人说不好带,也不需要带,他们买这些柿子的目的已经达到了,这些柿子还是请他自己留着。

　　天底下哪有这样便宜的事情呢?那位柿农心里想。于是他很生气地说:"我的柿子很棒呢,质量好得很,你们没理由瞧不起它们。"美国人耸耸肩,摊开双手笑了。他们就让翻译耐心地跟他解释,说他们丝毫没有瞧不起他这些柿子的意思。翻译解释了半天,柿农才似懂非懂地点点头,同意让他们走。但他却在背后摇摇头感叹说:"没想到世界上还有这样的傻瓜!"

　　那位柿农不知道,他的 1 000 个柿子虽然原地没动地就卖了 20 美元,

但那几位美国人拍的他们采摘和贮存柿子的纪录片，拿到美国去却可以卖更多更多的钱。那位柿农不知道，在那几个美国人眼里，他的那些柿子并不值钱，值钱的是他们的那种独特有趣的采摘、贮存柿子的生产生活方式。

一个柿子在市场上只能卖一次，但如果将柿子制成"信息产品"，一个柿子就可以卖一千次一万次甚至千千万万次。那位柿农很地道，很质朴，很可爱，但他在似懂非懂的情况下就断定别人是傻瓜，他的可爱也就大打折扣了。

这个故事表面上讲人与人之间的差别，但它告诉我们的道理是，在商场上，要想避免类似的笑话，就要知道自己和他人想要的是什么。像柿农一样只能看到眼前的"柿子"，那他就只能获得跟"柿子"等值的"小利益"，而如果把眼光放长远一些，就能看到"摘柿子"的价值，那他就能获得比较隐蔽的"大利益"。

明智的人总会在放弃微小利益的同时，获得更大的利益。

汉堡大王克罗克就是这样一个智者。

克罗克第一次进入麦当劳马上察觉到麦氏兄弟已经踏进了一座"金矿"，但麦氏身在"金矿"不识"金"。他决定开办麦当劳连锁餐馆。他与麦氏进行协商。麦氏开出的条件很苛刻：他有在全国各地开连锁分店的经销权，但他只能抽取连锁店营业额的1.9%来作为服务费，而其中只有1.4%是属于克罗克的，0.5%则归麦氏。一心想干一番大事业的克罗克，毫不犹豫地接受了这个条件。

愚蠢的麦氏只看到了眼前的"柿子"，因此他像柿农一样，只能得到与"柿子"等值的小利益；而聪明的克罗克看到的却是"摘柿子"的利润，他将得到的，当然是高于"柿子"数倍的大利润。

克罗克很快就创办了麦当劳连锁公司。他的第一家麦当劳餐馆开张五个月后，第二家餐馆就开业了。3个月之后，第三家餐馆建立。推销员出身的克罗克，充分展示他那推销的天才，开设分店的速度越来越快。两年后，克罗克已经拥有228家麦当劳餐馆，营业额达到3 780万美元，麦氏拿到了18.9万美元的利金，克罗克自己只赚到了7.7万美元。麦氏很满意于这个收获，但克罗克却有更大的雄心。他已经积累了足够买下麦当劳的资本。

克罗克和麦氏谈判出让麦当劳权利之事。但麦氏出价惊人：非270万美元不卖！而且一定要现金。听到这消息，克罗克差点气晕了，他放下电话强迫自己冷静下来。麦氏明知他拿不出这么多钱来而把价码定得这么高，其用心是很明显的，就是不想让克罗克拥有控制权。

克罗克考虑再三，权衡利弊，最终答应了麦氏的条件。克罗克使出浑身解数，几经反复，借贷到270万美元，买下了麦当劳餐馆的名号、商标、版权以及烹饪配方。至此，美国的全部麦当劳快餐店都归于克罗克名下。虽然公司的名号仍叫麦当劳，却与麦当劳兄弟毫无关系了。麦氏两兄弟是麦当劳公司的创业者，但显然不是做大生意的人。他们虽然已经通过麦当劳赚了不少钱，却还是看不到"柿子"以外的重大价值。

相反，在收购麦当劳交易中"吃了大亏"的克罗克几年以后就收回了成本，并有机会把麦当劳快餐店开到了世界各地，赚到的钱远不是麦氏能想到的了。

逐梦箴言

当我们做事业的时候，要明白什么是战略，而在制定战略的时候你要明白三件事：一要明白谁是你的客户。二你会为他们创造什么样的价值。三如何实现并传递该价值。

知识链接

【克罗克】

克罗克（Ray Kroc，1902～1984），企业家。1955年接管麦当劳并将其发展为国际知名的连锁快餐集团，被《时代》杂志列为全球最有影响力的企业创始人之一。克罗克有句有趣的话体现出他思维的独特（这也是他的取胜之道）："人人都以为麦当劳是卖汉堡的，其实我们是做房地产的。"

我的未来不是梦

■ 打开自己思想的引擎

这个故事是讲一位有趣的老印第安人。他在奥克拉荷马州土地上发现了石油。于是，他成了有钱人。这位老印地安人终生都在贫穷之中，突然成为有钱人使他不适。他给自己置办了有钱人的装备：一顶林肯式在礼帽，蝴蝶结领带，抽一根黑色大雪茄，这就是他出门时的装备。当然，他还有一辆卡迪拉克豪华旅行车。他每天都开车到附近的小奥克拉荷马城。他想看每一个人，也希望被每个人所看到。他是一个友善的老人，当他开车经过城镇时，会把车一下子开到左边，一下子开到右边，就是为了跟他所遇见的每个人说话。有趣的是，他从未撞过人，也从未伤害人。理由很简单，在那的大汽车正前方，有两匹马拉着。

当地的技师说那辆汽车一点毛病也没有，这位老印地安人永远学不会插入钥匙去开动引擎。汽车内部有一百匹马力，而现在许多人都误以为那辆汽车只有两匹马力而已。

现在的科学表明，我们一个人的一生，所开发使用的能力是其本身所拥有的百分之二到百分之五。这不是因为我们笨，而是我们还没有学会"插入钥匙去开动引擎"，调动我们内在的能力去，为我们创造一个更美好的未来。

人类最大的悲剧并不是天然资源的巨大浪费（虽然这也是悲剧）。但最大的悲剧却是人力资源的浪费。

伟大的航空界和电子界的发明家称威廉·利尔是一个善于开动自

己的引擎的人。他的一生既辉煌而又具有传奇色彩，他的亿万财富全部来自他不断的发明和无休无止的尝试，他有无所畏惧的冒险精神。他一生所做的事大部分是成功的。被人称为"天之骄子"。

一个最有趣的故事来自利尔的一次试飞。我们知道，利尔是个一位飞机发明家和制造者，飞机试飞对他来说既异常重要，又如同家常便饭。但这一次试飞是他的最重要一次试飞。因为这是他第一次造出飞机。当时的飞机制造厂在制造第一架原型飞机时，都是手工制造。在完成试飞证明设计没有什么不妥之前，不可能进行大规模生产的准备。而威廉·利尔却充满了自信，他一反常规，在威奇塔建立飞机制造厂时，就把所有的生产机器和工具都准备好了，并在没有得到联邦民航局批准生产的执照之前，就投入了生产。因此第一架飞机的试飞，对他来说，尤为重要。而且，他的第一次试飞，因为民航局的检查官员操作失误，飞机坠毁了。

民航局认为是飞机性能有问题，利尔却坚持认为是操作失误，双方相持不下。如果没有第二架飞机及时地生产出来，这件事就很难说得清。幸亏利尔早就做好了准备，他要马上进行第二次试飞。这是利尔一生中最大的一次冒险，如果失败，后果不堪设想。

故事就发生在这次试飞之前。

在第二架飞机试飞的前一天，他突然心血来潮，决定将机翼的前缘做一次修改，以便达到更佳的时速性能。在一般飞机制造厂，作这种重大的修改，都要从全面的再设计做起，至少要费时半年，花 10 多万美元。利尔的做法却简单得不能再简单，他只找了威奇塔一个最好的做汽车车身的工人来，让他把快干防冻漆混合物涂在机翼的前缘上，然后用锉刀锉成所需的形状，到第二天试飞以前，一切都已完成。只花了 48 美元。试飞结果证明修改达到了预期的性能。

是的，试飞成功极了。不仅联邦民航局这才无话可说，批准他投入生产。而且，后来生产的飞机机翼都按照新的式样做了。

利尔就是这样一个人，他不喜欢动笔，他厌恶公文，也没有备忘录。他喜欢动手，如果他想修改某一个零件，他不是先找技术人员绘图、计算、评

我的未来不是梦

议，经过试验再改，而是直接到车间去，在那个零件上进行修改。按照严格的设计程序来说，他这种做法的确是有点"胡来"，但他一向就是这么做的。他在自己的思想里插入了钥匙，开动了引擎。他的脑子一生都在思考。发明，是他最大的乐趣。

利尔只受过小学教育，但他从小对机器就有一种特殊的兴趣，喜欢摆弄，喜欢拆开来研究。20世纪初，他在芝加哥读书时，学习并不太好，经常上课时间溜出去，骑着辆自行车到处闲逛。看见路边有汽车抛锚，他就会凑上去帮忙。大部分汽车故障都出在电气系统上，经常是配电盘上炭刷子坏了，遇到这种情况，他就从口袋里掏出一支从旧电池上拆下来的炭芯，锯下一小截来，给人家换上。

小学毕业后，因家境困难，利尔不再读书，在一家汽车修理行找了个周薪6美元的工作。但他没干多久，又改去芝加哥飞机场给机械工做帮手。干这份活没有报酬，不过他有兴趣，这样他有机会坐飞机。不料第一次跟机飞行就出了事故，摔了个头破血流，留下一脸疤痕。

后来，他又当了一名无线电修理员。当时无线电还处于刚刚起步的阶段，一般美国家庭还没有收音机。干了几年后，他基本上可以算是一个专家了。有一天，他产生了利用强力扬声器生产一种新型收音机的构想，向公司领导谈了他的想法后，被采纳了。之后这家公司生产出上百万台"皇威"牌收音机，使之普及于美国的家庭。

不久后，利尔又发明了一种体积很小的无线电线圈；接着，又做出一种可以利用汽车电瓶的电源、安置在汽车上的收音机。他把这个专利卖给一家公司，得到一笔不薄的收入。这家公司将汽车收音机命名为摩托罗拉。

1933年，利尔和几个朋友合伙到纽约成立了一家公司，从事飞机用无线电的研究和生产。然而，开业不久就遇到许多困难，关键是资金的问题。利尔在纽约举目无亲，他知道银行绝不会贷款给他，怎么办呢？唯一可靠的是自己的智慧，他想出一种可以用简便的方法生产多波段无线电的办法，并将这个构想顺利地以25万美元的价格卖给RCA公司，从而渡过了难关。

创造发明是威廉？利尔成功的首要因素。开动思想的引擎，发挥自身

潜在的能力,让利尔的生命走向了辉煌。

利尔的一生事业中,创造发明和技术革新是主要内容,经营是在其次。他主持过几十种有关电子和航空方面的重大革新,拥有上百种产品的专利权。这些发明和革新也给他带来了巨大的财富,他的公司每年营业额达1个亿以上。年过70以后,在他身上还看不到一点衰老的迹象,他仍像当初创业时那样,不断有创新和发明,而且追求尽善尽美。

美国政府官员中有人说:"如果有一天,利尔的汽车公司成为通用汽车公司的竞争对手,我绝不会感到惊讶。"凡是了解利尔的人都相信,他是个能够创造奇迹的人。

逐梦箴言

开启思维的引擎有多重要?爱因斯坦有言:"提出一个问题往往比解决一个更重要。因为解决问题也许仅是一个数学上或实验上的技能而已,而提出新的问题,却需要有创造性的想象力,而且标志着科学的真正进步。"

知识链接

【"摩托罗拉"其名】

摩托罗拉原名"加利文制造公司",当该公司成功推出第一款汽车收音机后,其创始人保罗·沙利文将其命名为"摩托罗拉"(Motorola)。"motor"取机动车(motorcar)之意,加"-ola"这个后缀则是当时音像制品比较时尚的命名法。

我的未来不是梦

智慧心语

大行不顾细谨，大礼不辞小让。

——司马迁：《史记·项羽本纪》

晃曰："今日乃国家之事，某不敢以私废公。"

——罗贯中《三国演义》

私欲之中，天理所寓。

——王夫之

人们奋斗所争取的一切，都同他们的利益有关。

——马克思

实际上，每一个阶级，甚至每一个行业，都有各自的道德。

——恩格斯

第五章

得失之道

◦导读◦

　　人生没有永远的欢乐，也没有永远的痛苦，商场没有永恒的成功，也没有永恒的失败。商场与生活一样，永远是一个迭宕起伏的过程。所谓盛衰不自由，得失常相逐。拥有权势或财富是好事，但如果陷入其中却可能生出得失之患，成为一种负担，一种痛苦，失去生命的乐趣。福兮祸所依，祸兮福所致，一个优秀的商人，应该做到俯仰无愧，得失不惊。

机会总是留给有准备的人

　　A 在合资公司做白领，觉得自己满腔抱负没有得到上级的赏识，经常想：如果有一天能见到老总，有机会展示一下自己的才干就好了！A 的同事 B，也有同样的想法，他更进一步，去打听老总上下班的时间，算好他大概会在何时进电梯，他也在这个时候去坐电梯，希望能遇到老总，有机会可以打个招呼。他们的同事 C 更进一步。他详细了解老总的奋斗历程，弄清老总毕业的学校，人际风格，关心的问题，精心设计了几句简单却有分量的开场白，在算好的时间去乘坐电梯，跟老总打过几次招呼后，终于有一天跟老总长谈了一次，不久就争取到了更好的职位。

　　愚者错失机会，智者善抓机会，成功者创造机会。机会总是留有准备的人。

　　1941 年，广州成了日本鬼子的天下，一个经营金银首饰店的老板，为了掌握自己店里的准确资财，让会计算出一些给定的数据，可是年老眼花的会计怎么也算不准。老板有些不耐烦了。这时一旁的小伙计却流利地说出了他想要的所有数字。老板惊讶极了，这个从没学过会计的小伙计，怎么会掌握这么精准的经营情况呢？于是，他又拿了一些经营的问题来考他，没想到，小伙计对答如流。不仅如此，他还对别的金银首饰店的经营情况了如指掌，自己家与别人的经营方法有什么不同，哪里应该改进。

　　老板简直惊掉了下巴，立刻对这个小伙计刮目相看了，正好老会计告老回家，就提拔这个小伙计当了会计兼管事，负责管理整个商行的财务。

但他在工作中虚心求教，竟能把商行的一本账理得清清楚楚，把整个店里的业务都摸得烂熟于心。老板有什么问题，他都能随口应答，所以深得老板的信任。这个人，就是冯景禧。

冯景禧就是一个善于学习的、有准备的人。

50年代后期，香港经济恢复和发展极快，由于人多地少，房地产价格直线上升。然而投资房地产，没有雄厚的资金是不行的。冯景禧灵机一动，找到了生意场上的好朋友郭德胜和李兆基，商量合资创办房地产公司的事情。他们3人当时都是刚刚开始创业的小财主，又都看好房地产业，所以一拍即合，招股建立了"永业企业公司"。3人当中，年纪最大的郭德胜老谋深算，年纪最小的李兆基反应敏捷，冯景禧则精通财务，擅长分析。他们发誓："同心协力，进军地产，你发我发，大家都发！"公司的资金当然比个人资金大多了，但对于房地产业来说，仍然只能算个小户头，只能购买较小的地盘。从购买原沙田酒店开始，他们在房地产业初试身手。他们采取的经营方式，是低价收购旧楼，拆掉重建新楼出售，还以"分层出售"、"10年分期付款"等方法招徕顾客，颇受客户的欢迎，逐渐积累起了资金。

机会终于来了，1967年，冯景禧终于等来了赚钱机会。由于受内地"文化大革命"的影响，香港也发生了大动荡，房地产行情一落千丈。许多富豪唯恐"文化大革命"也闹到香港来，纷纷抛售在香港的产业，准备逃离香港。冯景禧也曾想到过离开香港的问题，可是他实在舍不得丢下刚刚大展鸿图的事业。走在香港的大街上，看到那些急于贱卖的房产和地皮，冯景禧更加不想走了，他暗暗盘算，这可能正是个好机会呢！他仔细研究国内外的局势，认为"红卫兵"未必就进得了香港，至少，来与不来的可能是一半对一半——而对于生意场上的竞争来说，50%的把握已经是够大的了。

结果，冯景禧不但没有走，而且从银行提出自己的全部积蓄，又贷了一大笔钱，动作麻利地买下了一大批廉价房产和地皮。很多朋友都为他捏着一把汗，担心他又要赔个精光了，然而冯景禧毫不动摇。果然不出他所料，仅仅一年以后，香港局势完全稳定，地价迅速回升，发了大财的冯景禧，获得了一个"商界奇人"的雅号。

冯景禧的另一次有准备而战是做证券。

他好朋友郭德胜与李兆基在地产业大赚了一笔之后,三个人都有了足够的实力独立开公司,于是他们三人分头做事了。1969 年 11 月,正当香港房地产业处于供不应求的大好局面、新鸿基企业公司的房地产生意一派兴盛之际,冯景禧却出人意料地卖掉了他的大部分股份,正式建立了他个人的"新鸿基证券投资公司"。

稍有金融常识的人都知道,在商界,最难经营的就是证券生意,人们形容这门新兴的金融事业经营者,是"一分钟之间成伟人或是成乞丐"。放弃自己驾轻就熟的行业去干冒险生意,更是商家的大忌。然而冯景禧却另有见解,他说:"你认为自己喜欢干,而且能够干好,与原来的事业相比更有诱惑力,社会条件又允许,那么就不要徘徊,不要过多考虑得失!希望本身就是一种原动力;如果注入你的辛勤,你就成功了一大半;同时,只要你认识到怎样处事,应付好各种人际关系,那你就成功了!"

香港的股票市场有着悠久的历史,早在第二次世界大战前,一些新成立的公司就已向市民发行股票,筹集所需的开办资金。战后,工商业迅速恢复而且日趋繁荣,股票发行更成为公司企业扩充业务的重要手段。同时,广大市民在日益沉重的通货膨胀的压力下,也被迫以购买股票来投资生利和保持币值。冯景禧早就对证券交易产生了浓厚的兴趣,平时认真钻研证券业务,认为证券交易在香港有着十分诱人的美好前景。

自从新鸿基证券公司开业后,冯景禧便全身心地投入了自己钟爱的事业。证券交易瞬息万变,香港最著名的远东证券交易所,比第二次世界大战时的参谋部还紧张。每个工作人员都有一张 6 平方米的椭圆形办公桌,桌上有 20 多部电话机。电子电话屏幕上每秒钟都在呼叫,工作人员几乎没有请示和思考的余地,必须随时作出肯定或否定的答复。交易所的工作人员,一般都是有一定实践经验,知识渊博,具有硕士以上学位的中、青年人。冯景禧当然熟知这一切奥秘。但他在经营证券业务时,有着与众不同的眼光,代客买卖股票刻意追求证券业务的大众化和普通化。用他的说法,叫做"渔翁撒网"法。别的证券公司都把服务重心放在大客户身上,新

我的未来不是梦

鸿基证券公司却处处为散户、小户着想。社会上千千万万中、小资产拥有者,从管理职员、产业工人到出租车司机、女佣人,都成了新鸿基证券公司的常客;不管买卖的金额如何小,冯景禧对他们都是一视同仁,服务态度热情而诚恳,尽可能为他们提供方便。冯景禧看准了一条,那就是广大劳动阶层和中、小资产者毕竟是社会组织的基石,大量散户、小户的聚合,就足以汇合成一条冲决一切障碍的巨大洪流。果然,新鸿基证券公司的业务金额飞速增长,很快成为香港股票市场上的一股举足轻重的力量,足以左右香港股票价格的变动! 冯景禧因此成了证券交易市场中的"大哥大",被人誉为"证券交易大王"、"股坛教父"。

逐梦箴言

君子藏器于身,待时而动。

知识链接

【冯景禧】

冯景禧(1922～1985),香港地产商、证券商及银行家。新鸿基证券及新鸿基财务公司的创建者。

■ 看淡得失，才能看到路边的意外风景

一位挑水夫，有两个水桶，分别吊在扁担的两头，其中一个桶子有裂缝，另一个则完好无缺。在每趟长途的挑运之后，完好无缺的桶子，总是能将满满一种桶水从溪边送到主人家中，但是有裂缝的桶子到达主人家时，却剩下半桶水。

两年来，挑水夫就这样每天挑一桶半的水到主人家。当然，好桶子对自己能够送满整桶水感到很自豪。破桶子呢？对于自己的缺陷则非常羞愧，他为只能负起责任的一半，感到非常难过。

饱尝了两年失败的苦楚，破桶子终于忍不住，在小溪旁对挑水夫说："我很惭愧，必须向你道歉。""为什么呢？"挑水夫问道："你为什么觉得惭愧？""过去两年，因为水从我这边一路的漏，我只能送半桶水到你主人家，我的缺陷，使你作了全部的工作，却只收到一半的成果。"破桶子说。挑水夫替破桶子感到难过，他满有爱心地说："我们回到主人家的路上，我要你留意路旁盛开的花朵。"

果真，他们走在山坡上，破桶子眼前一亮，看到缤纷的花朵，开满路的一旁，沐浴在温暖的阳光之下，这景象使他开心了很多！但是，走到小路的尽头，它又难受了，因为一半的水又在路上漏掉了！破桶子再次向挑水夫道歉。挑水夫温和地说："你有没有注意到小路两旁，只有你的那一边有花，好桶子的那一边却没有开花呢？我明白你有缺陷，因此我善加利用，在你那边的路旁撒了花种，每回我从溪边来，你就替我一路浇了花！两年来，

这些美丽的花朵装饰了主人的餐桌。如果你不是这个样子,主人的桌上也没有这么好看的花朵了!"

损失了一些水,却意外得到了更加宝贵的鲜花。商场的得失与人生的逻辑是一样的道理。没有永恒的得,也没有永恒的失,如果陷入得失之患,得到的往往会失去,而如果只要善加利用,因势利导,失也可以变成得。

1974 年全世界的纺织业都发生了危机,许多人都碰到了麻烦,主持四家纺织企业的法国企业家施兰弗也一样。由于需求突然下降,同时成本和工资直线上升,什么东西都乱了套。施兰弗实在是受够了,决定关闭工厂。可是,工厂关门,大批工人就没有饭吃了,工会出面谴责施兰弗经营不力。

面对着大规模解雇的威胁,心坏不满的纺织工人们占领了工厂。施兰弗和妻子、女儿被迫躲了起来。工会组织工人们包围了施兰弗一家躲藏的别墅,把他们一家整整围困了 72 个小时。

施兰弗只好报警了。法国防暴警察于第二天上午来到,他们全副武装,把施兰弗一家搭救出来。全世界的报纸都报道了此事。无奈的施兰弗,表示愿意把全部 4 个厂子卖给任何一个人,只要那人肯代他还债。债务约为 6 000 万法郎。可是一个甘冒风险的买主都没有。

是什么让施兰弗陷入这样的人生困境呢?

是汽车。此时,施兰弗已经拥有了一个颇具规模的汽车博物馆。施兰弗把大部分精力都用在了汽车收藏上,以至于让企业陷入绝境,导致工厂关闭,工人罢工闹事。表面上看起来,施兰弗实在是个没有正事的人。可是,也正因为此,施兰弗成为世界上最大的汽车收藏家,他的收藏,成为全世界最宝贵的财富之一。

直到现在,人们这样介绍他的汽车博物馆——这是一 "座充满惊奇的城市。市内有一座历史博物馆,一座铁路博物馆,还有消防水龙馆和艺术品馆。而最令人惊奇的,市里还有一座专门陈列汽车的博物馆。馆内展出 600 辆老式汽车和其它类型的车辆。从 1878 年至 1950 年间,法国 40 家汽车制造厂生产的 98 种样式的汽车,馆内都收集齐全,一样不少。"汽车博物馆所在的法国米卢兹市是一座风景秀丽的旅游城市,位于和德国、瑞士交

界处。它同时也是一座工业发达的城市。

展出的 600 辆汽车中，最多的是 123 辆布加蒂牌汽车。这种 60 多年前生产的汽车，目前已成了汽车收藏迷们追寻的目标，有的收藏迷哪怕是弄到一件布加蒂压缩机就求之不得了。汽车收藏迷们见了这么多布加蒂车，都会满腔妒意，气得流泪："真难看！"看上去，这些世上罕有的珍品，好像是被马马虎虎地堆放在一起似的。

施兰弗是如何弄到这么多稀世珍品汽车的呢？那是 1960 年的时候，布加蒂汽车制造厂处于困境，施兰弗听说厂里有 23 辆老式的汽车，就用 12 万法郎买下了这些车子。其中有辆该厂生产的拿破仑牌汽车特别珍贵，那是双排 7 汽缸赛车，参加过 1930 年勒芝 24 小时拉力赛。

后来，施兰弗又从美国芝加哥某个人手中买进 30 辆布加蒂牌汽车。那个美国收藏家要价 10.5 万美元，经过讨价还价，最终以 9 万美元成交。

施兰弗买旧汽车真是到了发疯的程度。1960 年一年里，火车装载的老式车不断地运到米卢兹市。其中有的车子是在夜里才卸下来。所有的车子都用防水帆布遮盖得严严实实。所有的装运都笼罩在神秘的气氛中，简直就像间谍小说一般让人感到神奇莫测。工厂周围装上了铁丝网和强光灯，还养有警犬。施兰弗挑选了 40 名宣誓保守秘密的工人，来这里全天上班，组装和修复这些收藏品。施兰弗骑着自行车在这里不停地巡视，不停地检查安全情况。当他发现哪个人胆敢偷看新到的汽车，就会狠狠地罚款，甚至把他解雇。

为了创办这个汽车博物馆，施兰弗花了整整 30 年的时间。他说："我的母亲是米卢兹人，我建立这个博物馆是为了纪念她。"可是从 1966 年到 1976 年这 10 年里，经他允许进入博物馆参观的，仅仅 33 人，都是些大人物。

法国前总统密特朗来参观时，第一个反应竟是："这要耗费多少钱财啊，简直跟德国的疯子国王路德维希一样！"陪同总统参观的弗里茨·施兰弗骄傲地说："把我跟路德维希相提并论，是多么美好的赞美之词啊。我办这个博物馆，也许有人认为是超级荒唐事，但人的一生当中做什么事都该合自己的胃口，要不然就不值得去做了。"

我的未来不是梦

这些汽车占地 5 英亩，全在一个屋顶底下，极目所见是红色瓷砖的过道，两旁 845 盏模仿巴黎 19 世纪街灯的灯座，把大厅照耀得十分典雅。所有的汽车都擦得油光锃亮，一尘不染。这个场面使所有前来参观的人激动不已。

所以，尽管施兰弗面临着破产的危险，可是当别人建议他卖掉这些旧汽车挽救企业的时候，施兰弗断然拒绝了。施兰弗热爱着这些汽车，把它们看得比生命还要。因此尽管后来，因为这些汽车遭人嫉妒，他本人为此吃尽了苦头，他还是痴心不改。

是的，为了这些汽车，施兰弗失去了他的工厂，遭受了人生的磨难，但是，他却因此收获了更多。他本人的名字，永远地刻在米卢市乃至整个法国的历史中。他的汽车博物馆，也成为了世界上空前绝后的最宝贵收藏。

逐梦箴言

历史上著名的官渡之战，郭嘉分析袁绍"十败"之一有"见小利而忘义"，以史为鉴，不要成为第二个袁绍。

知识链接

【施兰弗】
施兰弗（ Fritz Schlumpf，1906 ~ 1992），生于意大利的瑞士人，2 岁时随家人移居法国。一生痴迷收集汽车，1981 年，将其收藏及场地卖给了国家汽车博物馆协会。

■ 懂得放手，你才能得到更多

　　有这样一个小故事，一个早上，妈妈正在厨房清洗早餐的碗碟。她的一个四岁的小儿子，自得其乐地在沙发上玩耍。不久之后，妈妈听到孩子的哭啼声。究竟发生什么事呢？妈妈还没有将手抹干，就冲出去客厅看看孩子去了哪里。

　　原来，孩子仍坐在沙发上；但是，他的手却插进了放在茶几上的花樽里。花樽是上窄下阔的一款，所以，他的手伸了入去，但伸不出来。母亲用了不同的办法，把卡着了的手拿出来，但都不得要领。

　　妈妈开始焦急，她稍为用力一点，小孩子就痛得叫苦连天。在无计可施的情况下，妈妈想了一个下策，就是把花樽打碎。可是她稍有犹豫，因为这个花樽不是普通的花樽，而是一件价值连城的古董。不过，为了儿子的手能够拔出，这是唯一的办法。结果，她忍痛将花樽打破了。

　　虽然损失不菲，但儿子平平安安，妈妈也就不太计较了。她叫儿子将手伸给她看看有没有损伤。虽然孩子完全没有任何皮外伤，但他的拳头仍是紧握住似的无法张开。是不是抽筋呢？妈妈又再惊惶失措。

　　原来，小孩子的手不是抽筋。他的拳头张不开，是因为他紧捉着一个十元硬币。他是为了拾这一个硬币，才把手卡在花樽的里的。小孩子的手伸不出来，其实不是因为花樽口太窄，而是因为他不肯放手。类似的情形，多么像是我们对待感情的态度。对于感情，多数的时候，我们都是盲目的。

　　历数你曾为他做过的事，当时你觉得多么天经地义所当然；可同样

我的未来不是梦

那些事,在今天看来却荒谬到极。盲目是幸福的,但这样的盲目如果能够维持一生一世,那也是好的。问题是,有一天,我和你都会像小孩子一样,发现自己被感情问题卡住了,动弹不得。

问题出现了,你烦得天都要塌下来了。你寻求解脱的方法,但一切努力全都是徒劳。别人说:"问题不像你所想的那样复杂,只是你肯放手就解决了。"

你却偏偏不肯放手。

这时,你不会想:"这样值不值?"你只会自问:"我还爱不爱?"只要是爱,你就觉得再没有甚么要犹豫。你会很努力地解决彼此之间的问题。

就这样,你一直守下去,你不会放手。

其实,放手就能立刻解决问题,只是大家都逃避这个事实。你宁愿受着牢笼,都不愿解脱。"这段感情值得这样磨下去吗?"你的朋友会劝你放弃。

你不相信,这份爱,这份让我痛得死去活来的爱,只是一枚十元硬币吗?你忍痛执着这份感情,不惜代价,消耗了许多眼泪,虚度了不少的岁月,粉碎了很多机会。放手,带来更大的释放。为了区区十元,打碎了一个古董花樽,小孩子当时不会了解,也不会后悔,因为他还太小,还不能了解他执着那个硬币的机会成本是那么大。他长大了之后,才会了解花樽的价值,才会明白自己昔日的愚昧。

可是我们呢?再告诉你一个关于放手的故事:

身为福特公司总裁的艾柯卡被解雇了。这个汽车骄子在福特公司效力32年,从一名最底层汽车推销员,一步一步凭借实力走上总裁的位置,离任前两年他为公司创下了35亿美元的利润。可是,就因为他太优秀了,福特公司真正的老板福特先生害怕大权旁落,就解雇了他。这实在太让人震惊了。这时的艾柯卡主持的"野马"和"马克"汽车已经取得了巨大成功,他又在石油危机之前,及时推出省油的"菲斯特"的小型车使公司在石油危机中赚取了巨额利润。在他的主持下,福特公司稳稳地坐着美国汽车业老大的宝座,公司业务蒸蒸日上,艾柯卡在人们的心目中的地位日益提高,并越来越受到董事会成员的赏赐。艾柯卡自己也觉得,自己的一生,都会与福特在一起。

可是他想错了,福特先生坚决地想要裁掉他了。

由于艾柯卡功勋卓著，福特不便明目张胆地赶他走，便暗地玩弄权术，羞辱艾柯卡，迫使他自动离职。开始，福特不惜花费 200 万美元，对艾柯卡及其朋友的业务活动和个人生活进行调查，结果一无所获。继而，福特以莫须有的罪名把艾柯卡的密友一个个解雇掉，试图孤立艾柯卡。接着又采用削权的办法，使艾柯卡在公司的地位从第二位降到第四位。这一次次打击，就像是切意大利蒜肠一样，一次切一刀。艾柯卡一直强忍着，因为他很清楚自己在公司的价值，还是以心爱的汽车事业为重。他总希望有一天亨利·福特会恢复理智，或董事会能挺直腰杆，情况也许会好转。但被嫉妒和猜忌缠身的福特并未迷途知返，他见一切间接的打击无效后，干脆亲自出马了。

1978 年 7 月 13 日下午，亨利·福特把艾柯卡叫到他的办公室，通知他已被免去福特公司总裁的职务，从今以后不要再去总裁办公室办公。艾柯卡早已有心理准备，但此刻依然按捺不住心中的怒火，慷慨陈词地列举自己担任公司总裁 8 年来所做出的各项成就，然后提高嗓门对福特说："你看着我！你的决定坏透了。过去 2 年我为公司赚了 35 亿多利润，而你以后也许再也见不到 18 亿的年利润了，因为你只会花钱而不懂得赚钱！"亨利？福特自知理亏，无言以对，始终不敢正视他一眼。

这突如其来的打击，对艾柯卡来说无异于从珠穆朗玛峰坠入万丈深渊，几乎置他于死地。妻子气得心脏病发作，女儿埋怨他无能。他愤怒、仿惶、苦闷，甚至想到自杀。但他最终没有向命运屈服。

过了些天，他乘车来到实福特为他安置的"新办公室"，这是离福特总部几英里外的一间灰暗的仓库。他的秘书在门口垂泪相迎。他推门一看，办公室只有卧室大小，地板上铺着有裂缝的油毡，仅有一张小桌子，上面放着两只塑料杯。这一切比起他原来使用的豪华的总裁办公室来，简直就像流放到西伯利亚一样。他怒火满腔，猛然转过身走了出去，暗暗发誓再也不回来了。

是的，艾柯卡是个懂得放手的英雄。他放弃了抓在手里的十元硬币。

艾柯卡被解雇的消息在舆论界和企业界引起了轰动，许多大公司久仰艾柯卡的大名与才干，纷纷找上门来，争相聘请他。后来，艾柯卡出任了克

莱斯勒公司的董事长职位。54岁的艾柯卡重整齐鼓,以新的身份重新进入了汽车业,带领着当时正在低谷克莱勒公司推出了"纽约人"和"道奇400"。在他的苦心经营下,克莱斯勒公司迹般地走出谷底,第一次出现赢利。1983年,公司出现了历史上最高的利润:9.25亿美元。经过短短的3年,公司就提前7年还清了全部贷款。1984年,公司更取得了23.8亿美元的纯利润,形成90.6亿美元的资产。克莱斯勒终于从灰烬中站立起来。

1985年,克莱斯勒公司在世界汽车制造公司的排名榜中跃居第5位。1986年,克莱斯勒公司的股票涨到每股47美元,6年来其股息增长860%,雄踞500家大公司的榜首。艾柯卡成了美国的英雄人物。他的照片频繁地出现在报刊杂志上,他的演讲受到热烈欢迎,他的自传成了世界畅销书。因为他大起大落的成功经历,给衰落的美国企业带来了复兴的希望。

美国盖洛普民意测验的结果显示,艾柯卡成了美国人最崇拜的人,其声望仅次于当时的总统里根和教皇保罗二世。他平均每天收到500封信,许多人都希望他竞选总统。

艾柯卡,放弃了手里的"十元硬币",反而得到了价值连城的"花樽"。

逐梦箴言

孩子的妈妈大概设给孩子念伊索的书——"有些人因为贪婪,想得到更多的东西,却把现在所有的都失去了。"

知识链接

【福特与流水线】

亨利·福特(Henry Ford, 1863～1947)在汽车工业上的成绩是众所周知的,而福特最伟大的贡献或许并不在此,而是首次采用了"流水线"的生产流程,带来了工业生产方式上的一次革命。

■ 得失之道，取舍方寸间

得失之道，在于取舍之间，也在于大势所趋。但一个企业家，如果具备了在纷乱的形势中，独具慧眼发现商机，又能果断取舍，抓住该抓住的，放弃该放弃的，那么他就成功一半了。被人称为世界船王的包玉刚是个善于取舍的人。

包玉刚上大学的时候，正好遇上日寇侵略中国，书读不下去，就工作了。他先是到衡阳一家银行当职员，后去重庆中央信托局工作。他以宁波人的精明和兢兢业业的作风，使自己经手的业务蒸蒸日上，所以到抗战胜利，他已是重庆矿业银行的经理了。以后，他又回到上海，担任上海市立银行的业务部经理。许多人都认为，凭包玉刚的业绩和才干，再奋斗几年，行长的交椅一定会是他的了！但包玉刚却出人意料地辞职了，他的兴趣不在银行方面。

包玉刚放弃了人人羡慕的银行业，却选择了当时都不看好的航运事业。他说："航运是世界性的业务，资产可以移动，范围涉及财物、科技、保险、经济、政治、贸易，几乎无所不包！"他的父亲包兆龙是个老式的小商人，他尽管不是十分乐意，但他很欣赏儿子的独立思考和勇气，所以最后还是同意了包玉刚的意见。

37 岁的包玉刚开始了他的"船王"之梦。可是，凭他们包家当时的资金，连一艘旧船都买不起。他专门去了一趟英国，想向一个很谈得来的朋友借钱。可是那个朋友一听说他要借钱买船，就变得像个陌生人一样。不

肯帮忙也罢了,他还抖了一下包玉刚的衬衣,讥刺地说:"玉刚兄,你年纪还轻,对航运一无所知,小心别连衬衣都赔进去!"这大大地刺伤了包玉刚的自尊心,他暗暗发誓一定要干出番大事业来。

包玉刚两手空空回到香港,只好向香港汇丰银行贷款。可是汇丰银行对航运业不感兴趣,他们认为航运的风险太大。连碰钉子的包玉刚并不气馁,他转身就去了日本。有趣的是,日本银行竟没有要他找日本公司作担保,就同意贷款给他。这样,包玉刚才凑足了77万美元,再次前往英国,买下了一艘以烧煤为动力的旧货船。

包玉刚的这艘船虽然又老又破又旧,但它却是包玉刚航运事业的开始。看着这艘小山一样的旧船,包玉刚像得了稀世珍宝一样,请人将它整修一新,并且取名为"金安号"。当"金安号"从英国驶向香港、途经印度洋的时候,包玉刚已经办好了两件事,一是成立了"环球航运集团有限公司",二是与日本一家船舶公司谈妥,将"金安号"转租给这家公司,从印度运煤到日本。包玉刚的旧船开始赚钱了!

接下来,包玉刚又进行了一次重要的取舍。

当时,世界各国经营航运业的人,都是采用传统的短期出租方式,也就是每跑一个航程,就同租用船只的人结算一次。这样不但收费标准高,而且随时可以提高运价。闻名世界的希腊船王奥纳西斯和尼亚可斯,美国船王路德威克,以及老一代香港船王董浩云,都是这样做的。可是包玉刚却出人意料地采取了长期出租的经营方式,就是把自己的船,通过订立合约,为期3年、5年甚至10年地租给别人,租用者按月交纳租金,但租金标准却要低得多。一些同行见包玉刚这样做,都讥笑他为"门外汉",是一个"初出茅庐的小傻瓜"!然而包玉刚有自己的算盘,他承认自己对于航运业务还不熟悉,不如先长租给别人,倒可以持续、稳定地获得租金收入,而在这个过程中,他也就可以逐渐学会航运业务了!

包玉刚确实赶上了一个发财的好机会。他买下金安号的第二年,由于苏伊士运河因埃及战争而关闭,航运费用猛涨。当年年底,金安号赚的钱,就已经够包玉刚买下7艘新船了!到了1957年的下半年,航运业出现萧

条,运价跌到最低点,那些搞短期出租的船主,每天都要赔老本,只有包玉刚却可以凭着合约稳收租金。事实证明他这个"门外汉"的经营策略是最好的经营策略。人们不得不承认,包玉刚的运气和眼光都是一流的!

这次低潮过去后,不少人都学包玉刚的办法,开始买旧船长期出租。可是包玉刚又改变了方针,将新船长期租给人家,旧船留着自己经营。因为,新船出租,租金自然比旧船高,而旧船自己用,效果则与新船一样。

靠着非凡的智慧,包玉刚游刃于取舍之间,幸运的是,每次都让他选对了。但谁都知道,这里不仅仅是运气,还有智慧,有胆识,有淡定得失之心。

包玉刚还有一次重要的取舍。

那时包玉刚成为世界船王,但他也看到,航运业的风险太大,不少曾经成功的航运商都被无情地淘汰了。所以从 70 年代初开始,他就开始"登陆",将赚得的部分财产投资于越来越红火的房地产业,兼营酒店和交通运输。为了在陆上也能取得海上那样辉煌的成就,他和香港首富李嘉诚一起,和英国资本集团展开了一场惊心动魄的斗争。

英国资本集团和华人资本集团一直是香港实业界长期摩擦的两大资本集团。自从香港沦为英国的殖民地,英国资本集团垄断了许多行业,华人资本长期处于劣势。然而自 20 世纪 60 年代香港经济起飞开始,华人资本渐渐壮大,李嘉诚等人早已跃跃欲试,要与英国资本集团一争天下。李嘉诚先是悄悄地收买英国怡和集团所控制的九龙仓的股票,已经掌握了其中的 18%。但是这时,李嘉诚感到同属于英资集团的和记黄埔对他更有吸引力,而要想同时吃下这两个地方,又是他的财力难以达到的,所以他约包玉刚密谈,希望包玉刚能接手九龙仓。如果他们两人能顺利地控制和记黄埔和九龙仓,则英国资本集团在香港的垄断地位就一定会被动摇!

作为一个中国人,包玉刚早就希望华人资本集团能扬眉吐气。他也深知九龙仓的重要地位。九龙仓是香港最大的码头,拥有资产 18 亿港元,那一带的地价早已是寸土寸金,掌握了九龙仓,就等于掌握了香港大部分物资的装卸和储运业务。所以包玉刚表示愿意接受李嘉诚的建议。李嘉诚坦率地说:"我所掌握的 2 000 万股九龙仓股票,以 40 元一股的价格全部转

我的未来不是梦

让给你。另外,你把汇丰银行的股票转让一部分给我。"

包玉刚知道,当初李嘉诚买这些股票时,每股只花了十三四元,但是他更知道,掌握九龙仓能为他带来怎样的利益。他沉吟片刻后说:"你每股降4元,我们马上成交!"

李嘉诚毫不犹豫地答应了。这两位香港的"海陆大将"微笑着握手告别。掌握了九龙仓股票20%的包玉刚,理所当然地进入了九龙仓董事局。但是他并没有满足,而是继续悄悄地收买九龙仓股票。1980年4月,包玉刚宣布,他已控制了3 900万股九龙仓股票,约占总数的30%。英国人慌了,因为他们只掌握着20%的九龙仓股票,这就意味着董事长的大权必须交给包玉刚了!也就是说,怡和集团将失去九龙仓。

怡和集团找到后台汇丰银行商议,要汇丰银行支持它足够的现金,让它有可能大量收购九龙仓股票。这年6月20日,趁着包玉刚在欧洲度假的机会,怡和集团突然发起反扑,打算以每股95元的高价,收购九龙仓股票3000万股,使他们掌握的股票占总数的49%,远远超过包玉刚所掌握的股票数量,他们认为,只要这个计划一宣布,包玉刚一定会退出这场竞争。因为,包玉刚必须再收购2 000万股股票才能继续保持他的优势,而一夜之间必须拿出20个亿的现金来,简直是无法办到的事情。

包玉刚是在法国的别墅里接到这十万火急的情报的,他的心不禁隐隐作痛,深感英国这个老牌资本主义国家实力的雄厚,他几乎要被逼到绝路上了!这时,如果他选择放手,还能够全身而退。但是这不是包玉刚的性格。包玉刚深知,如果这次放弃,那么以后就再也没有机会了。

包玉刚决心要同英国伦搏一搏。他一边放风,说还要去拜会墨西哥总统,却在6月22日悄悄启程赶回香港。几个小时以后,他在记者招待会上谈笑风生,宣布他"到当铺里转了一转",已经筹集了足够的资金,要以105元一股的高价,收购九龙仓股票2 000万股!

第二天一早,大批持有九龙仓股票的小股东蜂拥而上,抛出他们手中的股票。在短短的2个小时内,包玉刚就调动了21亿元资金,完成了他的收购计划。至此,他所掌握的九龙仓股票比怡和集团整整高出19%,完全

控制了九龙仓！

包玉刚又成功了。抓住应该抓住的。得失之道，在于取舍之间，取舍的方寸，在于个人，也在于大势。包玉刚为大势所趋，勇于面对。再一次取得了成功。

"世界船王"一举"登陆"，并且牢牢地掌握了陆地的控制权！包玉刚功成名就，他所受到的尊重，远远超出了实业界的范围。在英国女王封他为爵士后，日本天皇、比利时国王、巴拿马和巴西的总统，纷纷授予他勋章或奖章。在他办公室的墙壁上，挂着他与世界风云人物邓小平、里根、伊丽莎白二世等人的合影。

逐梦箴言

宗泽让岳飞苦学阵法，岳飞有句有名的应对："阵而后战，兵法之常，运用之妙，存乎一心。"

知识链接

【包玉刚】

包玉刚（1918 ～ 1991），世界八大船王之一。1978 年，被英女王伊丽莎白二世授予爵士爵位。

总有一桶金子属于你

● 智慧心语 ●

见小利,则大事不成。

——《论语》

小人其未得也,则忧不得;既已得之,又恐慌失之。是以有终身之忧,无一日之乐。

——荀子

失之东隅,收之桑榆。

——范晔:《后汉书·冯异传》

得之,我幸;不得,我命。

——徐志摩

只要你不计较得失,人生还有什么不能想法子克服?

——海明威

第六章

相生相长

◦导读◦

　　俗话说,商场如战场,但是,聪明的商人懂得良性竞争。真正的高手过招,不是制对方于死地,而是点到即止,取彼之长,补己之短,相辅相成,相生相长。一个企业的生存,必然地要经过无数场残酷竞争,一个企业家的成长也必然地要经过无数次的磨练,但是一个成功的企业家,必然懂得与自然相融,顺势而行,大道自然。

与你一起跑

从前,有一只乌龟和一只兔子在互相争辩谁跑得快。他们决定来一场比赛分高下,选定了路线,就此起跑。兔子带头冲出,奔驰了一阵子,眼看它已遥遥领先乌龟,心想,它可以在树下坐一会儿,放松一下,然后再继续比赛。兔子很快地在树下就睡着了,而一路上笨手笨脚走来的乌龟则超越过它,不一会儿完成比赛,成为货真价实的冠军。 等兔子一觉醒来,才发觉它输了。这是从小伴随我们长大的龟兔赛跑的故事。

有人把这个故事续了下去:

兔子当然因输了比赛而倍感失望,它总结了失败的原因,觉得自己大意、散漫。如果不是自己骄傲自满,乌龟是不可能获胜的。因此,它单挑乌龟再来另一场比赛,乌龟同意了。这次,兔子全力以赴,从头到尾,一口气跑完,领先乌龟好几公里。

故事接着进行。

这下轮到乌龟检讨自己了,它很清楚,照目前的比赛方法,它不可能击败兔子。它想了一会儿,然后单挑兔子再来另一场比赛,但是它提出了一个条件:路线由它定。两者同时出发了。为了确保自己立下的承诺——从头到尾要一直快速前进,兔子飞驰而出,极速奔跑,直到碰到一条宽阔的河流。而比赛的终点就在几公里外的河对面。兔子呆坐在那里,一时不知怎么办。这时候,乌龟一路蹒跚而来,跳入河里,游到对岸,继续爬行,抢先完成了比赛。乌龟又赢了。

故事还没结束。

这下子，兔子和乌龟成了惺惺相惜的好朋友。它们一起检讨，两个都很清楚，在上一次的比赛中，它们可以表现得更好。所以，他们决定再赛一场，但这次是同队合作。它们一起出发，这次可是兔子扛着乌龟，直到河边。在那里，乌龟接手，背着兔子过河。到了河对岸，兔子再次扛着乌龟，两个一起抵达终点。比起前次，它们都感受到一种更大的成就感。

这个故事的启示是，每个人都有自己长处和短处，优点与缺点。当我们不再与竞争对手较力，而是团结起来，开始逐鹿某一情境时，我们会表现得更好。

最早参透这个道理的是可口可乐。

1980年代，当古兹维塔接掌可口可乐执行长时，他面对的是百事可乐的激烈竞争，可口可乐的市场成长正被它蚕食掉。古兹维塔手下的那些管理者，把焦点全灌注在百事可乐身上，一心一意只想着一次增长百分之零点一的市场占有率。古兹维塔决定停止与百事可乐的竞争，而改为与百分之零点一的成长比率进行角逐。

他问起美国人一天的平均液态食品消耗量为多少？答案是十四盎斯。可口可乐在其中有多少？答案是两盎斯。古兹维塔说，可口可乐需要在那块市场做大占有率。我们的竞争对象不是百事可乐，要是占掉市场剩余十二盎司的水、茶、咖啡、牛奶及果汁。当大家想要喝一点什么时，应该是去找可口可乐。

为达此目的，可口可乐在每一街头摆上贩卖机，销售量因此节节上升，百事可乐从此再也追赶不上。

而在此之前，可口可乐公司还是伍德鲁夫当家的时候，可口可乐就打出"要让全世界的人都喝上可口可乐"的口号，他们每年用在广告和销售上的资金高得让你无法想象。1990年，美国旧金山一家形象咨询公司，在美国、日本、西欧对上万名消费者进行调查，选出世界十大名牌商标，它们依次是：可口可乐、索尼、奔驰、柯达、迪斯尼、雀巢、丰田、麦当劳、IBM和百事可乐。可口可乐雄居榜首。

逐梦箴言

竞争的本质不是比强壮,也不是比敏捷,也不是比谁更聪明,而是比谁少一些愚蠢。

知识链接

【可口可乐公司】

可口可乐公司,世界最知名的饮料商,1892 年创建于美国佐治亚州。

我的未来不是梦

■ 留一些余地给别人，自己的路海阔天空

　　古耕虞从叔父的店里当伙计开始学习做生意，然后在家里的商号"古青记"做起，直到成为猪鬃大王，商战如麻，经历的大大小小的竞争如同战争，不计其数。他始终把握一点，不把事情做绝，要留一些余地给别人。予人玫瑰，手有余香。

　　古耕虞刚进入这个行当，就遇上了一次竞争。那时，他刚结束学业，回到故乡重庆，接手了父亲的古青记山货店。同行们都不大看得起这个年轻人，戏称他为"娃娃班"，并且想找机会挤垮他，好减少一个竞争对手。古耕虞则想做一笔大生意，让这班人看看他的本领。

　　不久就到了收购羊皮的季节。经营羊皮的利润很大，山货店自然都不会放过这个机会。古耕虞通过对国外市场行情的研究，看准羊皮的价格在日益上涨，而且羊皮的收购季节又短，一年只有3个多月，所以果断地决定，用稍高于同行的价格大量收购。

　　开头几天，上门送货的客户很多，可几天以后，客户却变得越来越少。古耕虞感到奇怪，派人出去一打听，原来是裕厚仁山货店串通了恒祥钱庄在外面造谣，说古槐青在上海交易所投机失败，负债累累，古青记就要倒闭了，哪里还有钱收购羊皮呢！

　　古耕虞十分恼火。裕厚仁山货店的老板，是古耕虞祖父一辈的人，而且两家关系一直很好，如今为了独霸市场，竟对一个晚辈使用这样卑劣的手段！但是古耕虞没有轻举妄动，他冷静地考虑以后，想出了对策。一方

面,他立即给父亲拍电报,让父亲陆续从上海汇回 20 万两白银,他把这些钱分别存在重庆的各个大钱庄里;同时,在营业结算时,凡是古青记欠对方的钱,他都立即付清,而对方欠古青记的钱,他都暂不收回。然后,他又请关系比较好的复兴钱庄清查古青记的财务情况,证明古青记资本雄厚,复兴钱庄宣布愿意为古青记做担保。这样一来,坏事变成了好事,古青记的信誉反而大大提高了。加上古青记的收购价比其它山货店高,最后几乎把上市的羊皮全都收了进来。

同行们暗中都取笑古耕虞没有经验,这么多羊皮压在手中,万一羊皮价格一落,非得赔老本不可! 可是不久,他们也得到消息,知道国外羊皮价格猛涨,这时再想出高价收购,也已经来不及了,只得眼睁睁地看着古耕虞赚了大钱。

1926 年冬天,一个叫纳尔斯的美国人,到重庆来收购羊皮。他随身只带了一张银行信用证。到了结算的时候,他才发现,凭他的信用证作抵押,在重庆中国银行只能取得 60% 的现金,这样他的钱就不够付货款了。卖主们天天盯住他要钱,搞得他焦头烂额。更令他为难的是,重庆没有代客户把羊皮打成包的加工厂,也没有人肯出租自己的打包机给他,他收下的羊皮根本没办法打包装船;同时,冬天又是长江枯水季节,航运不通,他的羊皮就是打了包,装上船,也无法运往上海。羊皮是很娇嫩的货物,一个月内不加工,就会霉烂,那就只能倒进粪坑当肥料了。

走投无路的纳尔斯差点就要跳长江了!

古耕虞早就在暗中关注这件事。当他认为时机成熟时,他先到重庆中国银行,说明这件事的严重性,如果让纳尔斯的羊皮烂掉,完蛋的可就不是纳尔斯一个人,重庆的许多山货行也会因拿不到货款而倒闭,甚至全四川的山货行业都会受到影响。因此,他要求银行支持他出面来收拾这个残局。然后古耕虞找到纳尔斯,用流利的英语同他交谈,说明自己可以帮助纳尔斯渡过难关,以低利息借钱给纳尔斯付货款,替他的羊皮加工、打包、出口,纳尔斯则将他那张银行信用证转给古青记。纳尔斯一见有人能救他,顾不得算细账,连叫 "OK",在合同书上签了字。手续一办好,他就赶紧逃出了

重庆。古耕虞没费什么事,就赚了一大笔钱,而且在同行中赢得更高的威信。

古耕虞成了重庆山货行业中举足轻重的人物。他的下一个目标,是摆脱英国洋行的控制,直接向国外出口猪鬃。那时,中国出口美国的猪鬃都需要经过英国洋行,要被他们盘剥去相当大一部分利润,怎样能够绕过英国人直接把猪鬃销到美国去呢?

机会来了,1927年底,有两个美国商人出现在重庆街头。他们名义上是代表美国孔公司来考察重庆猪鬃生产和出口情况的,实际上是想同虎牌猪鬃的主人取得联系。因为虎牌猪鬃在美国市场上的声誉很好,只是由于英国洋行的从中盘剥,他们的利润就不多了,他们也希望直接与中国商人交易。因为不懂中文,这两个美国人几经周折,才见到了古耕虞。

22岁的古耕虞风度翩翩,用一口纯正的英语,将猪鬃的货源、加工、经营、出口情况,向两位客人做了详尽的介绍。两位美国人没想到虎牌猪鬃的主人如此年轻又如此具有才识,高兴得直竖大拇指,连声称赞:"中国人,了不起!"

几次交往之后,双方都有了更深的了解,2位美国人才悄悄对古耕虞说明自己的来意——希望能不经过英国洋行,直接从古青记进口虎牌猪鬃。古耕虞心中大喜,直接出口猪鬃正是他梦寐以求的事情。但他脸上却不露声色。经过进一步的试探,他完全弄清了对方的意图,这才说出了自己的顾虑:虽然这样做对中美双方都有利,但对英国洋行可就大大不利了,他们一定会不择手段地进行破坏!

两位美国人也深知这一点,他们显得比古耕虞还要着急。

美国人越急,古耕虞就越是表现得若无其事。他白天照样做生意,照样以主人的身份接待两位美国人,可到了晚上,他总是坐在灯下,埋头研究有关资料,苦苦思索对策,直到深夜。一天晚上,他在脱衣服准备睡觉时,猛然一个念头跳了出来,他眼前一亮,大脑紧张地沿着这个思路考虑下去,手上的动作却僵住了,他的夫人以为他出了什么意外,吃了一惊,幸亏这时古耕虞的脸上露出了喜色,夫人才松了一口气。

第二天,古耕虞约来了两位美国人,平静地把自己想到的办法告诉他

们。两位美国人连声叫好，认为只要他们双方不对英国洋行泄露秘密，这个计划就万无一失。双方当场签订了一项秘密合同。

就是这一项秘密合同，成为古耕虞事业的重大转折点，也是古耕虞一生命运的转折点。

几天之后，古耕虞就开始发运第一批直接销往美国的虎牌猪鬃。这一回，他没有使用古青记的装船标志，而是用两个并无意义的英文字母"LT"作为标志，装船人也用了别的化名。与此同时，他仍然以一部分猪鬃卖给英国洋行，以掩盖他与美国公司的秘密交易。但是，大量猪鬃运销美国后，卖给英国洋行的猪鬃便越来越少了。英国洋行询问原因，古耕虞总是拖着不答复；实在拖不过去了，就推说货源不足。

终于有一天，虎牌猪鬃垄断了美国的主要猪鬃市场。古耕虞料定英国洋行对此已经无能为力，便完全停止了与英国洋行的交易，实现了古青记猪鬃全部直接出口的夙愿。英国洋行如梦初醒，急忙探听真相，才发现古耕虞这只中国"虎"已经威风凛凛，不可一世，不是他们所能打击得了的，只好眼睁睁地看着古耕虞成为中国第一个猪鬃出口大王！

逐梦箴言

持久的赢是共赢。

知识链接

【猪鬃】

猪鬃是一种天然的制刷原料，在尼龙被发明之前，被列为战略资源的一种，其制品用于清理军械。

■ 与环境相生

再讲一个可口可乐的故事。

你知道吗？可口可乐诞生的时候并不是饮料，而是一种治头痛的药。制做出它的人叫约翰·庞巴顿，这人是个业余的药剂师。经过多次试验，这种用古柯叶、可拉果、蔗糖、食用油和香精等配成的健脑药水面市了。因此，你不难想象，做为一种药水，可乐的销售量实在微乎其微的。

这个故事有一点喜剧性的是，有一天，卖药的服务员把它搞错了。居然就做成了现在的可口可乐饮料。原因是这样的。可口可乐做为药水卖的时候，都现兑的，就是说，买药的人在厨窗外面等着，服务员拿一些可乐原浆兑上白开水，再卖给他。可是那天服务员因为跟人聊天而忽视了，错拿过一杯苏打水兑了进去。

奇迹出现了。买药的人当场喝了进去，说："你今天的药水味道真特别，很好喝啊。"

庞巴顿闻声从里屋出来，呷了一口杯中所剩药水，也觉得味道与往常不同，确实妙不可言。他问清事情的经过后，便决定将错就错，以新配方配制可口可乐。那顾客意犹未尽地又痛饮了一杯。在他的宣扬下，很多顾客接二连三地跑来要求品尝这种特殊风味的药水，有的干脆就把它当做日常饮料来饮用。一个店员工作中心不在焉的一次失误，竟带来了奇迹，可口可乐就此发迹，从一种药剂魔术般地变为人见人爱的饮料。

至此，这种遍布全球的饮料，才真正地诞生了。

但是,它走进千家万户,成为全世界人人共知的品牌,还需要一个漫长的过程。做为一种饮料,可口可乐的成长是幸运的。因为它遇到的每一任老板都把宣传它,推广它,让它成为人人接受的饮料而付出了努力。更为幸运的是,这些老板,都遵守了一个规律,他们都掌握了一原则,那就是不与其它同类产品竞争,而是挑战人们的消费与饮食习惯,让它与环境共生,直至深入人心,与人同在。

它的第一任老板,精明的庞巴顿以其丰富的药理知识和潜心钻研的精神,很快定下可口可乐的 14 种原料,并将配方密封在亚特兰大市银行的保险柜里,成为秘不示人的专利。他还请自己店中的会计、出色的书画家鲁宾逊设计商标。鲁宾逊精心琢磨,绘制成精美别致的商标"CocaCola"。100 多年来,可口可乐历经风风雨雨,鲁宾逊设计的商标一直沿用至今,在世界各地随处可见,成了可口可乐的传统徽记。使它的销售量增加 40 多倍,从当初日销量 9 杯增至 370 杯,年销售量从 25 加仑增至 1049 加仑。

它的第二任老板亚特兰大的药剂师阿萨？康德勒是个善于推销、经营有方的商人。他把全部精力放在促进可口可乐在当地的销售上。它为可乐设计出美观大方的细腰身玻璃瓶。这种别具一格的瓶子,让人一看就知道是可口可乐,拿在手里感觉舒适,而且不易被仿造。可口可乐在他的手里,年销售量骤增至 36 万加仑,在世界许多地区都成了最热门的美国货。

康德勒退休。可口可乐在随后的两年几度易手,但一直都没有遇可心的主人。直到罗伯特·伍德鲁夫的父亲出现。老伍德鲁夫高价收购了可口可乐汽水厂以及可口可乐专利权,创建了可口可乐公司。召回已在怀特汽车公司任副总裁的儿子——35 岁的小伍德鲁夫。1923 年,罗伯特·伍德鲁夫当上了可口可乐公司的第二任董事长兼总经理。可口可乐终于遇了良主,从此发迹,被推销到全世界,夺得"世界软饮料之王"的桂冠。

关于可口可乐,有一个故事值得我们记忆。

1941 年,"珍珠港事件"爆发了,美国参加了第二次世界大战。关于战争对经济的影响,每个人都能讲出一大把。何况饮料这种东西呢？战争使可口可乐的国内市场出现不景气,海外市场的开拓更是一筹莫展。处于内

我的未来不是梦

外交困之中的伍德鲁夫，整天坐卧不宁，老胃病又复发了。

一天晚上，他正准备去看病，电话铃响了。原来是他的一位老同学班塞打来的。班塞现任麦克阿瑟军团的上校参谋，刚由菲律宾回国，特意给老同学打来电话。

伍德鲁夫寒暄几句后，问道："你在百忙中还想着我啊？"班塞豪爽地大笑道："我不是想你，我是天天在想你的可口可乐，我好久都没有喝到你们的饮料啦！尤其在菲律宾那热得要命的丛林中，一想到你们那种棕色的清凉饮料，真恨不得灌上一大桶。"伍德鲁夫连忙说："欢迎你到公司来，保证让你喝个够！"班塞风趣地答道："可惜我不是骆驼，否则我一定灌上一皮囊带到菲律宾去，留着慢慢享用一星期。"

班塞的一席话激起了伍德鲁夫的灵感：如果前方将士都能喝上可口可乐，不就成了海外市场的活广告吗？当地的老百姓受其影响，自然也会喝这种饮料。这不就等于间接地打开了外销市场吗？

第二天一早，伍德鲁夫就赶到华盛顿，找五角大楼的官员们洽商供应前方可口可乐的问题。尽管他吹得天花乱坠，被珍珠港事件搅得晕头转向的国防部官员，哪里顾得上听他的意见。一瓶可乐能提高多少士气？这个念头未免太可笑了。

伍德鲁夫毫不气馁，立刻回公司商量对策。他指派几个人撰写了一份宣传稿，并配上照片和杜撰的前方战士的心声，看上去像一本图文并茂的画册。

伍德鲁夫亲自对宣传稿加以删改，定名为《完成最艰苦的战斗任务与休息的重要性》，并用彩版印刷。这本宣传小册子特别强调：在紧张的战斗中，应尽可能调剂战士们的生活。当一个战士完成任务后，精疲力竭，口干舌燥，喝上一瓶清凉爽口的可口可乐，该是多么惬意呀！对于那些在战场上出生入死的战士们来说，可口可乐已不仅是消闲饮料，而且是生活必需品，与枪炮弹药居于同等重要的地位。

他还召开记者招待会，并邀请了许多贵宾，包括国会议员、前方战士家属以及国防部的官员。在会上，他不厌其烦地鼓吹他的观点："可口可乐是

军需用品,这是大家都应该承认的事实。我们把可口可乐送到战士手中,是对在海外浴血奋战的子弟兵的诚挚关怀,是为战争的胜利贡献一份力量。我们所做的不是商业行为,而是在为战士们争取福利。"

他的话确实打动人心。当他走下讲台时,一位60多岁的老妇人迎上去拥抱他,热泪盈眶地说:"你的构想太伟大了,你对前方战士的一片爱心会受到上帝支持的!"

伍德鲁夫这个天才的宣传家使国会议员、军人家属和整个五角大楼为之倾倒。经过磋商,五角大楼的官员不仅把可口可乐列为前方战士的必需品,而且还支持伍德鲁夫在战地设厂生产。显然,在远征军驻地设厂风险极大,有被敌人炮火摧毁的危险,因此伍德鲁夫说什么也不愿独自投资。他提出,既然可口可乐已列为前方战士必需品,这种庞大的设备投资,就应该由国防部负责。此时,恰好给前方供应可口可乐的消息已传到海外,广大前方战士一致要求国防部尽快落实。国防部虽然明知要增加很大一笔开支,却也欲罢不能了。美国国防部不久就公开宣布:"在世界的任何一个角落,凡是有美国部队驻扎的地方,务必使每一个战士都能以5美分喝到一瓶可口可乐。这一供应计划所需的一切费用和设备,国防部将予以全力支持。"

五角大楼的"全力支持"使可口可乐公司获益匪浅。在短短的两三年内,公司就向海外输出了64家可口可乐工厂的生产设备。军用可口可乐的消费量,竟达50亿瓶。

后面的故事你想到了。因为这场战争,受美军的影响,东南亚人喝可口可乐已经喝上瘾了。可口可乐就这样走出了国门。

商业,无法避免地出现竞争,聪明的商家懂得竞争,知道怎样才能获得竞争中打败对手,取得胜利。而高明的商家不只是与同类竞争,他们懂得怎样获得双赢。只有高明的推销员,才懂得与实现跳出同类竞争的圈子,挑战人类的习惯,让自己的产品与环境共生,与人类同在。

逐梦箴言

"强弱,形也;勇怯,势也。"这是司马迁阅尽无数历史,历尽悲欢离合后悟出的金玉良言。

知识链接

【珍珠港事件】

珍珠港事件,1941 年 12 月 7 日,日本对美国太平洋上的海军基地珍珠港发动的奇袭。日本的这次不宣而战使美国放弃"孤立主义",参与第二次世界大战,美国的参战对二战的进程产生了巨大的影响。

■ 善于使用别人的钱

很少有人像伍德鲁夫那样，可以从父亲手里接过一笔财产或一个公司，直接成为富翁的。我们知道的很多企业家都是从一文不名开始的。说起这些人的发家史与创业史，每个人故事都很精彩。然而其中最让人心动和折服的，就是用别人的钱投资赚钱的人。

我们前面的包玉刚就是这样的人。

有一次，包玉刚想买一艘 100 万美元的船，但这个数额对于当时的包玉刚来说，实在是个天文数字。怎么才能实现呢？包玉刚想到了贷款。用别人的钱妆点自己的钱包。

包玉刚找到了汇丰银行，但汇丰银行说，我拿什么信任你呢？

于是，包玉刚又找到了一家日本航运公司，说有机会购买新船租给它们，双方议定租期为 5 年。日本航运公司急于用船，所以愿意出面请它的银行资助包玉刚买船。包玉刚算了一下账，航运公司应该付给他的第一年的租金是 75 万美元。

就这样，包玉刚拿到了一张 75 万美元具有信任度的信用状。

当然，包玉刚拿到了汇丰银行的 100 万元美元的贷款。

下面的故事不用问了，包玉刚当然达成了心愿，买到了自己想要的船。

这件事情说起来有点好笑：你包玉刚船还没有买，就要人家租你的船？还要人家请银行给你开信用状？这不等于是人家出钱让你买船了么？！世界上哪会有这样的好事！但就是这个"空对空"的买卖，让包玉刚做成了。

无独有偶，美国船王洛维格的故事与包玉刚如出一辙。

对于一贫如洗的人，要想拥有资本就得借贷，用别人的钱开创自己的事业，为自己赚更多的钱。洛维格之所以有这样的想法，是缘于他9岁时候的一次经历。他偶然打听到邻居有条柴油机帆船沉在了水底，船主人不想要它了。向父亲借了50美元，用其中一部分雇了人把船打捞上来，又用一部分从船主人手里买下了它，然后用剩下的钱雇了几个帮手，花了整整4个月的时间，把那条几乎报废的帆船修理好，然后转手卖了出去。这样他从中赚了50美元。从这件事，他知道如果没有父亲的那50美元，他不可能做成这笔交易。

在相当长的时间里，纽约的很多家银行里都能见到他忙碌的身影。他得说服银行家们贷给他一笔款子，并且使他们相信他有偿还贷款本金及利息的能力。可是他的请求一一遭到了拒绝。理由很简单，他几乎一无所有，贷款给他这样的人风险很大。希望一个个地燃起，又一个个像肥皂泡样破灭。就在山穷水尽的时候，洛维格突然有了一个好主意。他有一条尚能航行的老油轮，他把它重新修理改装，并精心"打扮"了一番，以低廉的价格包租给一家大石油公司。然后，他带着租约合同等去找纽约大通银行的经理，说他有一艘被大石油公司包租的油轮，每月可收到固定的租金，如果银行肯贷款给他，他可以让石油公司把每月的租金直接转给银行，来分期抵付银行贷款的本金和利息。

大通银行的经理们斟酌了一番，答应了洛维格的要求。当时大多数银行家都认为此举简直是发疯，把款子贷给洛维格这样一个两手空空的人，似乎有点不可思议。但大通银行的经理们自有他们的道理：尽管洛维格本身没有资产信用，但是那家石油公司却有足够的信誉和良好的经济效益；除非发生天灾人祸等不可抗拒因素，只要那条油轮还能行驶，只要那家石油公司不破产倒闭，这笔租金肯定会一分不差地入账的。洛维格思维巧妙之处在于他利用石油公司的信誉为自己的贷款提供了担保。他计划得很周到，与石油公司商定的包租金总数，刚好抵偿他所贷款子每月的利息。

他终于拿到了大通银行的贷款，便立即买下了一艘货轮，然后动手加

以改装，使之成为一条装载量较大的油轮。他采取同样的方式，把油轮包租给石油公司，获取租金，然后又以包租金为抵押，重新向银行贷款，然后又去买船，再去……如此一来，像滚雪球似的，一艘又一艘油轮被他买下，然后租出去。等到贷款一旦还清，整艘油轮就属于他了。随着一笔笔贷款逐渐还清，油轮的包租金不再用来抵付给银行，而转进了他的私人账户。

属于洛维格的船只越来越多，包租金也滚滚而来，洛维格不断积聚着资本，生意越做越大。不仅是大通银行，许多别的银行也开始支持他，不断地贷给他数目不小的款项。不用说了，洛维格从此进入了航运事业，最后成为世界有名的船王。

这个空对空的买卖，让洛维格做到了极致，总觉得自己的脚步迈得还不够大，他决定自己建造油轮出租。凭着对船特殊的爱好和对各种船舶设计的精通，他开始有目的、有针对性地设计一些油轮和货船。然后拿着设计好的图纸，找到顾客，一旦顾客满意，立即就签订协议：船造好后，由这位顾客承租。

洛维格拿着这些协议，再向银行请求高额贷款。此时他在银行家们心目中的地位已非昔比，以他的信誉，加上承租人的信誉，按照金融规定，这叫"双名合同"，即所借贷的款项有两个各自经济独立的人或团体的担保，即使其中有一方破产倒闭而无法履行协议，另一方只要存在，协议就一定得到履行。这样等于加了"双保险"的贷款，银行家们当然很乐意提供。洛维格趁机提出很少人才能享受的"延期偿还贷款"待遇，也就是说，在船造好之前，银行暂时不收回本息，等船下水开始营运，再开始履行归还银行贷款本息的协议。这样一来，洛维格可以先用银行的钱造船，然后租出，以后就是承租商和银行的事，只要承租商还清了银行的贷款本息，他就可以坐取源源不断的租金，自然也成为船的主人了。

整个过程他都不用投资一文钱。

洛维格的这种赚钱方式，乍看有些荒诞不经，其实每一步骤都很合理，没有任何让人难以接受的地方。这对于银行家们、承租商们都有好处，当然洛维格的好处最大，因为他不需要"投入"，就可以"产出"。用别人的钱

打天下,是洛维格独到之处,这不能不说是一种经营天才的思维。

逐梦箴言

现代的贸易,其实不是钱货的交换,而是预期与信用的交换。

知识链接

【美国大通银行】

美国大通银行,总部位于美国纽约的商业银行,其前身可追溯至 1799 年创建的曼哈顿银行,为美国四大银行之一。

■ 心系民众，造福苍生

在中国近代史上，民族资本主义的成长是坎坷的，先后经历了军阀混战、日本侵华战争和内战，许多民族企业刚刚萌芽就夭折了。民生公司似乎是个特例，在经历了风雨之后，它不旦没有夭折，反而发展壮大了。当我们探寻它的成功秘诀时，我们发现，它的秘诀很简单，也很单纯，那就是它始终把自己的利益与民众的利益放在一起。因此获得了与环境共生的奇异效果。

说到民生公司，我们不能不提到它的创建者卢作孚。

辛亥革命的胜利果实最后被袁世凯篡夺了。年轻的卢作孚感到中国的政治改革难以推行，在 1914 年前往上海，寻找新的救国之路。他结识了爱国教育家黄炎培，在黄先生的影响下，卢作孚得到了一个新的结论：要使祖国摆脱政治的腐败和列强的掠夺，真正富强起来，只有唤起民众；而要使民众觉醒，就必须从发展教育开始。因而他先后在合川和成都担任教师、记者和编辑。五四运动爆发后，他和挥代英、肖楚女等人参加了少年中国学会，还利用担任《川报》主编的便利，发表了多篇宣传反帝爱国的文章，在舆论界产生了很大影响。

当时川军第九师师长杨森很赏识卢作孚的才华，邀请他到沪州担任教育署长。卢作孚乘机推行他教育救国的思想，创办了通俗教育会，并请挥代英、王德熙等进步人士任川南师范学校校长，实行教育改革，受到师生欢迎。1924 年，卢作孚又被杨森聘为成都通俗教育馆馆长。他积极地开展群

众教育工作,办夜校、开讲座、搞宣传,忙得不亦乐乎。

可是,当时的四川,还是军阀割据、相互混战的局面。不久以后,杨森被另一个军阀刘湘打败,四川又成了刘家的天下。接管成都的是刘湘的部下王缵绪,此人认定通俗教育馆是杨森办的事业,所以不择手段地进行破坏。卢作孚无可奈何,只得放弃这项工作,回到故乡合川。

这时的卢作孚,已经不是离开家乡时的那个不谙世事的少年了。将近20年的风风雨雨,使他对中国社会有了更深刻的认识,也能够冷静地思考自己所走过的道路。他终于明白了,把自己的事业同军阀联系在一起,是没有出路的。他常常对人说:"纷乱的政治靠不住,靠军人办教育,也无法建立稳固的基础。"他认为,四川政治、经济和文化的落后,主要是交通的不便造成的。"蜀道难,难于上青天",因此当务之急是发展省内交通事业。在对当地的自然条件、社会需要和客观可能进行综合分析之后,他认为从事内河航运,会比修建公路、铁路容易收到成效,而投资也相对少一些。

他决定创办一家以经营航运为主的股份公司。

1925 年 10 月,在朋友们的大力帮助下,民生公司诞生了。新公司面临的第一个困难就是资金缺乏。卢作孚在合川召开首次发起人会议,议定由发起人分头招募股金 2 万银元。可是,支持卢作孚的人,多半是两袖清风的穷秀才,而那些资金雄厚的商人士绅,却都在一边观望。最后还是合川县长带头,才募集到资金 8 000 银元。卢作孚带着这笔钱到上海,打算订购一艘载重 70 吨的小客轮,可是一打听,这样的一艘客轮造价要 3.5 万银元!卢作孚急得一连几天茶饭不思。但他毕竟是个有见识、有气魄的人,经过冷静的考虑,他大胆地决定,先用 5 000 银元购买发电设备,造福合川,使股东见到实惠;再用剩下的 3 000 银元作为定金,与造船厂签订造船合同。卢作孚回到合川后就着手筹建发电厂,不久,电厂开始发电,合川县点油灯的时代结束了。这项事业的成功,为卢作孚赢得了信誉。

第二年 5 月,新船在上海造成。卢作孚募足资金交付了船款,新船经过试航,上溯长江,经过无数的激流险滩,安然抵达重庆。卢作孚为新船取名为"民生",表示他为实现孙中山倡导的三民主义而努力的信念。7 月 23

日,对于民生公司、对于未来的中国船王卢作孚,都是一个具有历史意义的日子。这一天,披红挂彩的民生轮满载乘客,在震耳欲聋的鞭炮声中,从重庆启航,当天下午便顺利到达合川,完成了 65 千米的处女航。卢作孚苦心筹划的重庆——合川航线正式开通了。

民生公司以"安全、迅速、舒适、清洁"为服务宗旨,很受乘客欢迎。公司业务兴旺发达,人们看到投资航运事业有利可图,也就纷纷入股。1927年初,民生公司增加投资 5 万银元,又添购了 2 艘轮船,开辟了自重庆到涪陵的新航线。从嘉陵江支线起步的民生公司,从此进入了长江主航线。

民生公司就这样有了雏形。民生公司心系民生,它的每一次商战,也都是依靠民众取得胜利的。

同外国轮船公司的斗争是一场硬仗。英国的太古、怡和公司,日本的日清公司等,都是老牌的航运公司,他们串通起来,想用大幅度降价的办法挤垮民生公司。外国客轮将船票价格降到一半以下,甚至让乘客免费乘船,还赠送一把洋伞。洋人想用这种办法,把生意都抢过去,使民生公司无客可载、无货可装,只好关门。

但是,外国老板的如意算盘并没有得逞。因为外国船员一向拿中国人不当人,随意打骂欺凌。卢作孚就看准了这一点,教育民生公司的船员一定要尊重乘客,平等和气,并且对船员的服务质量进行专门培训。为了保证服务质量,卢作孚常常亲自上船,和船员穿一样的衣服,干一样的活,以身作则,对乘客态度和蔼,问寒问暖,扶老携幼,端茶送水,甚至为乘客提行李,打铺盖,还热情地向乘客介绍沿途的名胜古迹、风土人情。当人们知道这位跑前跑后的热心人就是民生公司的总经理时,都十分感动。乘客们都感到,乘中国船不仅生活上便利,更重要的是人格上受到尊重。所以大家都愿乘民生公司的船。有许多乘客宁可多住几天旅馆,也要等到民生公司的班船。

同时,民生公司也尽量降低票价。这样必然影响到公司的利润。但是全公司职工都憋着一口气,一定要把外国佬的气焰打下去! 大家纷纷表示,宁可少领工薪、不要年终奖金,也不能让公司垮掉! 这使卢作孚更坚定了

同外国轮船公司斗争到底的决心。他常常几个月不领薪金。他一再对公司职工说："我们要鼓足勇气，提高信心。凡是白种人做得到的，黄种人也一定能做到！凡是日本人能做得到的，中国人也一定能做到！"

卢作孚还利用航务管理处的名义，收回了原来由洋人把持的海关巡江公司窃取的航务管理权，对外轮在川江航行采取了限制措施，规定凡是外国轮船进入四川，必须向航务管理处申报，要接受中国士兵的检查，遇到木船要减速行驶，如冲翻中国船只，应赔偿一切损失……开始，外国轮船还想摆洋大人的威风，拒绝接受这些条件。但卢作孚强硬地表示，凡未向航务管理处申报的外国轮船，一律不准装卸。因为码头工人都是中国人，都执行有关规定，所以外国轮船也就不得不服从航务管理处的管理。因为无利可图，外国轮船终于逐渐退出了川江航运。

在这场斗争中，民生公司不但没有被挤垮，反而得到了大发展。短短10年间，民生公司发展到40多艘轮船，开辟了9条航线，西到宜宾，东到上海，在长江沿线各大中城市都设立了分公司和办事处。

九一八事变后，全国抗日情绪高涨，卢作单不失时机地提出了"中国人不乘外国船、中国船不装外国货"的口号，使中国的航运事业得到进一步发展。民生公司更明确地提出了"服务社会、便利人群、开发产业、富强国家"的企业精神。正是在这种精神力量的支撑下，民生公司在抗日战争中，为国家为民族作出了重大的贡献，抢救了大批国家财富；而民生公司也因此作出了巨大的牺牲：100多名员工壮烈牺牲，60多名员工光荣负伤，16条船被日军炸沉。

卢作孚也成为名副其实的"中国船王"。

逐梦箴言

将自己的事业融入社会的需要之中，融入人们的向往之中，是成功的一条捷径。

知识链接

【卢作孚】

卢作孚(1893 ~ 1952)，爱国企业家，社会改革家。民生轮船公司(现民生集团的前身)的创办者，北碚的开拓者。

智慧心语

夫吴人与越人相恶也，当其同舟而济，遇风，其相救也如左右手。

——孙子：《孙子·九地》

灾人者，人必反灾之。

——庄子：《庄子·人间世》

我不应把我的作品全归功于自己的智慧，还应归功于我以外向我提供素材的成千成万的事情和人物。

——歌德

人们在一起可以做出单独一个人所不能做出的事业。

——韦伯斯特

人只有献身社会，才能找出那实际上是短暂而有风险的生命的意义。

——爱因斯坦

第七章

诚信之伦

◦导读◦

　　诚,诚心诚恳,信实无欺,真实无妄;信,真心诚意,守诺无欺。诚乃信之源,信为诚之意。诚信,为人处世之本分。人而无信,不知其可也,经商无信,无以致功成。有人说,谁如果失去了金钱,他只是失去了他能再次得到的东西,要是谁失去了诚信,他就会失去了再也不会得到的东西。

■ 诚信使他成为金融家

1912 年,康心如在北洋军伐的监狱里度过的,康心如仔细回顾了十几年来的经历,认识到要想改变中国的命运,必须靠实业。从那时开始,康心如开始寻找做实业的机会。九年后,他认识了邓芝如。邓芝如的父亲和康心如的父亲是结拜兄弟,两家的交往很深。邓芝如虽然是个土老财,但在社会风气的影响下,也想在北京寻找一个同外国人合资办银行的机会。在"实业救国"的思想影响下,康心如热心地为邓芝如帮忙。当然,他也希望能在未来的银行中,为自己谋取一个小职位,解决全家人的生活困难。

康心如原来有过银行工作的经验,对从事金融业有兴趣。在寻找外资合作的过程中,他对中国的金融业也做了深入的调查研究,料定金融业在未来的经济发展中会有大发展,而中外合资的银行就更加有利可图。在康心如的积极努力之下,邓芝如与上海美丰银行的代表谈妥了在重庆设立分行的意向。不久,美丰银行总经理、美国人雷文来到北京,与邓芝如、康心如等正式签订了合资合同。

最后,合资银行成立了,邓艺如借给康心如 1.2 万银元作股本,使康心如取得股东的资格,名正言顺地担任银行协理的职务。

从此,康心如正式进入了金融界。

不料,四川美丰银行出师不利,由于缺乏经验,业务上没有打开局面,第一年甚至亏损了几千元。更严重的是,中美双方的职员从一开始就争斗不休。美方经理赫尔德咄咄逼人,根本看不起中国同事,而邓芝如和旧式

我的未来不是梦

钱庄出身、不通新式银行业务的业务主任陈达湾的业务外行和思想保守，又给了赫尔德骄横跋扈的借口。尽管康心如竭力在中间调解，双方的矛盾还是越来越尖锐。脾气火爆的邓芝如几乎每天都要在办公室里拍桌子，打板凳，大骂美国佬，说他再也不能忍受洋人的歧视和侮辱，并且要康心如也站出来与洋人作斗争。他认为是他借给康心如1.2万元股本，康心如才当上这个协理的，所以康心如理所当然地应该同他站在一起打击美国佬。

康心如却不一味地因为感恩就盲目跟邓芝如站在一起。他始终坚持在中间充当调解人，帮理不帮亲。他认为，最大的忠诚，是忠于事和理。所以，有时难免站在美国人一边反对邓芝如。他从来不像邓芝如那样意气用事，而是冷静地从银行的生存利益出发来考虑问题。比如邓芝如为了扩展自己的势力，推荐了一大批旧商人、旧官吏要进银行当职员，这些人连会计业务都弄不通，所以赫尔德坚决反对录用他们。康心如在这一点上就支持赫尔德。结果，邓芝如认定康心如忘恩负义，连康心如也成了他攻击的对象。

面对银行的困境和矛盾，康心如坚持请总经理雷文前来研究挽救措施。1923年春天，雷文来到重庆。他才一下船，康心如就前去拜访，冷静地向他分析银行亏损的原因提出了两个建议：一是采取中西结合的经营方式，以适应中国的国情和商界的习惯；二是实行裁员减薪，以缓解银行内部的矛盾。

雷文认真地听取了康心如的意见。他立刻意识到，这两条建议决定在两个中方协理中裁去一个。结果当然是裁去不通业务的邓芝如。这可惹怒了邓芝如。他无法对抗雷文，便把仇恨都集中到康心如身上，到处大骂康心如是"奸诈小人"。不顾一切地在银行内外发动了一场"倒康"运动。他大量印发各种传单，对康心如进行诽谤和攻击，并且把银行内部人事变动的内幕，也都宣扬出来，使不少人对康心如产生误解，以为他"崇洋媚外"，又不讲朋友交情。

不管外面怎样议论纷纷，康心如却始终保持着过人的冷静，不仅不向邓芝如反击，而且都不作任何解释。时间一长，人们听厌了邓芝如的谩骂，反而觉得康心如待人宽容，并不是邓芝如所说的那种见利忘义的人。

更重要的是,康心如掌握银行大权的事实,决不会因为邓芝如的攻击有所改变,所以人们愈来愈对邓芝如冷淡。邓芝如也逐渐意识到这一点,于是他使出了最后的一招杀手锏:他宣布退出四川美丰银行,不但要银行退还他的股份,而且逼康心如立刻退还借他的1.2万元股金。他料定康心如肯定拿不出这么多钱来还他。

邓芝如的所作所为,使康心如更清醒地认识到,要想让银行生存和发展下去,对邓芝如这样的人,是不能迁就的,美丰银行要发展,就一定要搬掉这块绊脚石。但是,从哪里弄钱来还债呢?他想来想去,只有一条路可走,就是将成都老家祖上遗留的产业卖掉。照中国人的旧观念,这样做是要被人骂作"败家子"的。但他明白,只有卖掉祖产,还掉借款,才可能守住手中不易得来的权力,也才能发展自己的事业。他认为这样做是值得的。于是,他很快地办好了变卖田产的手续,钱一到就还清了欠邓芝如的债。

邓芝如拿到钱的时候,才发现自己是彻底失败了。他自己把自己永远赶出了美丰银行。

新上任的经理鄂更斯,对康心如十分信任,言听计从,两人配合得非常默契。康心如充分利用合资银行的种种有利条件,按照中国的国情,努力扩展银行业务,很快扭转了银行的亏损局面,当年就获得纯利润1.1万元。1924年,银行存款比上年翻了一倍,利润也达到7万元,股东们开始分到股息和红利,也真正认识到康心如的经营本领。

白手起家的康心如,凭着过人的能力,凭着诚信在重庆金融界赢得了最初的声望。为他奠定了基础,使他有机会大展拳脚,最后终于走上了金融家的道路。

逐梦箴言

"人生最美的补偿之一,就是人们真诚地帮助别人之后,同时也帮助了自己。"感谢康心如让我们看到了爱默生所说的最美的补偿。

知识链接

【康心如】

康心如(1890～1969)金融家,早年加入同盟会,曾赴日本早稻田大学留学,归国后参创办《公论日报》《国民公报》,先后任上海民生图书公司、进步书局经理。1922年任四川美丰银行协理,后任总经理,在他的主持下,银行获得重大发展。

■ 两个男孩的友谊成就的辉煌事业

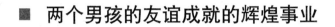

美国的《时代》周刊的创始人海登和鲁斯是一对好朋友。他们从中学起就是同班同学了，又很幸运地同时考进了耶鲁大学。鲁斯和海登竞争耶鲁大学学生办的刊物《耶鲁新闻》董事会主席，海登得票最多，鲁斯紧随其后名列第二。海登当了主席，而鲁斯则当了编辑。

打从中学开始，鲁斯和海登就由于第一次世界大战爆发不得不去军营里接受军训。在军营里，有一次他们一起聊天，两个人约定，有朝一日共同出版一份期刊，把知识和消息广为传播，以开导人们、启发人们。

当他们正要开拔去欧洲作战时，战争结束了。回到校园，他俩继续经营《耶鲁新闻》。这对志同道合的好朋友，从《耶鲁新闻》开始合作办刊，直到多年后，他们合作创办了《时代》，一直到海登去世，他们都践行诺言，一直在一起办刊。

鲁斯和海登从耶鲁大学毕业后，分开过一段时间。海登选了纽约的《世界日报》作为施展才华的地方。而鲁斯，则到英国牛津大学继续深造。毕业后回到巴尔的摩，当上了《新闻报》记者，这时海登也在巴尔的摩当记者，两个好朋友又相遇了。他们决定创办一份新闻杂志。鲁斯为其起名《时代》。1922 年，鲁斯和海登离开巴尔的摩前往纽约。他们在东 17 街 141 号一座废弃了的两层楼上，租下一间房间作办公室，创办了《时代》周刊。

在以后的 8 个月里，鲁斯和海登都在筹措办刊基金。一些新闻界前辈

奉劝他们"别去搞"。筹措资金更是难上加难，他们几乎跑遍了全美国，从72个投资人那里筹到了8.6万美元。公司搬到了461号印刷贸易大楼顶楼的阁楼上，房子四处透风，条件非常艰苦。苏得乐吃不了苦，终于和鲁斯、海登分手而去。这一年秋天，他们聘请了耶鲁的校友罗尔参加编辑工作。鲁斯和海登都想当主笔，但经营也很重要。谁先当主笔呢？他俩协商掷铜板决定，鲁斯输了，从此陷入烦人的业务之中，直到3年后才换回编辑的座位。

《时代》刚创办的几年，获利微乎其微。直到1928年，才有了转机，这一年获利12.6万美元，从这以后，订数和利润直线上升。

鲁斯的好伙伴海登，发誓要在33岁之前赚足100万。他终于如愿以偿，在30岁时，属于自己的财产已是百万出点头，但他却没能受用多久。1929年2月，他感染了传染病，在度过31岁生日之后不几天，在医院里与世长辞了。

海登的死，使鲁斯非常难过。他捐了一半的钱，其余同事又捐了另一半，为当年耶鲁大学的《耶鲁新闻》建了新的办事中心，命名为"海登纪念馆"。在纪念馆大门口一方铜牌题了以下的字："他的天才为新闻事业开创了新的形态"。

痛失了好伙伴，鲁斯决心把已开创的新闻事业搞得更好，以完成海登的遗愿。他希望有朝一日，能在纽约拥有一张日报。海登去世后不久，鲁斯又创办了一份《财富》杂志。鲁斯创办《财富》杂志的目的，是把目光盯向了商业界，他认为美国最优秀的人物都在商业界。他打算把政治、科学、法律、教育和艺术与商业连在一起。当然，还有一个目的是为了赚钱。

以后，鲁斯又创办了《生活》杂志，《生活》取得了很大成功，它改变了时代公司。鲁斯说，《生活》杂志使得公司"由一个大的小企业变成了一个小的大企业"。到1939年的时候，《生活》杂志的发行量已达到200万份，从那以后，它就一直朝前飞奔，最后，终于在发行数量和广告数量上，超越了全美的其他杂志。它的读者，占全美国10岁以上人口的20%。

主笔，自己则退居二线，担任荣誉职务"编辑主席"。

　　1967年2月28日凌晨3点,鲁斯因冠心病去世,享年69岁。直到去世,他都秉持着少年时与好朋友海登一起设计的理想:出版一份期刊,把知识和消息广为传播,以开导人们、启发人们。

　　鲁斯去世的时候,时代公司的资产已达到69亿美元。有人说,美国总统掌管着政府的行政大权,而鲁斯的《时代》,却足以左右美国的最高行政、立法和司法大权。言下之意是,鲁斯对美国人心影响的深刻,十足凌驾于美国政府之上。难怪约翰逊总统在给鲁斯夫人的电话里说:"整个华盛顿都感到悲哀,因为他真是个杰出的人。"

　　从过去到现在,几十年来,新闻界的人士仍在争论,《时代》的成功,鲁斯和海登谁的功劳最大。这个辩论是没有结果的,他们两人的贡献难分高低。有一位同行说得好:"也许是海登设计了教条,但是鲁斯却建了教堂。"实际上,如其区分他们谁的功劳最大,不如说,是他们的友谊成就了这一辉煌事业。

逐梦箴言

　　不要被"尔虞我诈毒者上"的信条蒙蔽,诚信与情义,会铸成更辉煌的成功。

知识链接

《时代》

　　《时代》周刊为当代最具代表性和影响力的周刊。有美国版、欧洲版、亚洲版、南太平洋版四种版本。刊物的宣言是:"创办一种出版物能适应忙人的时间,使他们费时不多,却能周知世事。"

我的未来不是梦

■ 只为自己活着的人必然成为失败的人

　　怎么来讲述这位石油大王的故事呢？麦卡锡，高大的身材，粗陋的相貌，性格怪异，一个豪爽的人，冒险家，赌徒，一个有着传奇经历的人……

　　称麦卡锡是个赌徒一点也不过分，他从小头脑就很聪明，特别喜欢找人打赌。14岁那年，有一次，他为了得到两只汉堡包，用一枚硬币跟一个卖汽水的人赌正反面，结果他赢了10美分，买了汉堡包。

　　长大后，他的赌徒天分更是得到了发挥。有一回，长大了的麦卡锡跟他新婚的妻子口袋里总共只剩下2美元，日子没法过下去了。一般的人该想如何精打细算地花掉这2美元，或者在盘算去借钱。可是他把2美元押在希望不大的赛马上，结果居然中了奖，赢了一笔钱，够他和妻子几个月的生活开支。他喜欢掷骰子赌博，最多的一次赢了2.8万美元，他还一点儿不奇怪，对别人说："当然是我赢，因为我正需要这笔钱嘛。"

　　麦卡锡在城市里给一家石油公司做油泵管理员。他反应敏捷，给公司创造了赚钱机会。比如一年冬天，麦卡锡看看寒冬即将来临，就劝经理提前储备了一批防冻剂，果然没几天气温陡降，寒潮袭来了。附近几英里只有他们这个油站有防冻剂出售，排队的顾客整整排了一个街区。

　　靠着聪明的天分和好赌的个性，幸运的麦卡锡拥有了自己的油站，并且又把它扩大为两座。

　　麦卡锡在医科学校读过书，有比较不错的基础，他的父亲那时候极力主张他去读书进修，希望他成为一名医生。因为这是个稳定的职业，收入也较高。可是麦卡锡并不想去当什么医生，他知道自己生来就是一条找石油的命。相当长的一段时间里，油泵的声音仿佛在他的耳边日夜轰鸣，石

油在他的血管里汩汩地流淌。

麦卡锡是一个不甘心过平淡无味日子的人，这就注定了他必定成为找石油者中的佼佼者。他很快卖掉了一座油站，用这笔钱作为他找石油的第一笔赌本。他买来了一部用钢丝系在一起的钻井设备和一些工具，租下在博蒙特市不远的一块地皮，作过祷告后，开始钻探。

钻了6个月后，希望落空了，他钻的是一口干井。麦卡锡随即又租了一套较好的钻井设备，在休斯敦附近的一块土地上继续下他的赌注。

这也是一口干井，希望再次落空。

他换了块地方，结果还是干井。那时候已是1933年，美国经济萧条最严重的时候，大多数的找石油者都已家破人亡，或者退出了这个行业。有人劝麦卡锡放弃钻探，回去做他的防冻剂生意。在这关键的时候，格伦·麦卡锡不仅没有打退堂鼓，反而卖掉了他的另一座油站，押上了老本，开始钻探他的第四口井。这回出油了。又黑又稠的石油汩汩而出，溅满了他和工人们的全身。他感到一种说不出来的狂喜和激动。这口井让他赚了70万美元。

但是赌徒的命运不可能总是这么好，最后一次，他一下子输了全部资本，成为一个穷光蛋。这次麦卡锡开始认真地研究地质。他把办公室设在休斯敦市区，整个房间里铺满了各种地图和地质图表。他总结出，盐碱地下都应该有石油，问题是得掌握深钻的技术。可是身无分文的他哪里还会有钱来购买先进的深钻设备和技术呢？

找石油是个冒险的工作，然而机遇往往会伴着冒险而来。正当麦卡锡一筹莫展之际，时来运转了。

从明尼苏达州来了一个有钱人，他聘用一位地质学家，替他主持钻探石油。麦卡锡成了这个钻井队的承包人。他们架起井机，开始钻探。一直钻到9 000英尺以下，还是一无所获。那有钱人看看没指望，就放弃了钻探，回家去了。经验丰富的麦卡锡从钻头上嗅出了石油味。这时候，只要付上一点点象征性的钱，他就完全可以从那个有钱人手上接过这口井，然后独占这笔财富，这样他至少能赚1 000万美元。可是他没这么做，而是打电话把实情告诉那个有钱人。

几天以后，油井终于出油了。那个有钱人感激万分，他们共同发了大财。麦卡锡在一年之内还清了旧债。

所以，麦卡锡是一个诚信的人。

但麦卡锡注定是一个失败的人。

赚到很多钱的麦卡斯成为美国最有钱的人之一。他不再思考继续赚钱的事，而是把精力放在了别的事上，虽然他也乐善好施，但那也只是凭着自己的一时兴趣罢了。他追求享受，贪图奢华。

首先，他花费了数百万美元在休斯敦市中心建造了在当时很高的建筑——22层的谢尔大厦；接着，他买下了附近地区的一批报馆；买下了休斯敦的一家广播电台和一家银行；他甚至买下了东部航空公司的大量股票，当上了这家公司的董事。

他大笔大笔地花着手中的钞票。

他买下了一座大农场。大得乘小飞机穿过这片农场需要1个小时的航程。在那里，他修建了一座属于他私人的机场，可供多种飞机降落。离机场4英里的地方，就是他的豪华别墅。

平时，他喜欢在农场草原上一边开着吉普车飞驰，一边打猎。他在他的湖里养了很多的鱼供他闲暇的时候垂钓。

麦卡锡前后买了好几架飞机。1949年，他居然买下了一架波音同温层客机，在当时这可称得上最豪华的私人飞机了。

麦卡锡还喜欢建造饭店。他建造的最著名的饭店要数"酢浆草"——一座以爱尔兰国花命名的超级饭店。他选的是离休斯敦市中心较远的一块地皮。人们说他把饭店盖在离中心这么远的地方简直是发疯。可是他丝毫不理会别人的指责，他认为所有休斯敦的人都会向他靠拢。于是饭店开始动工，3年以后建成。

这座饭店在当时真可算是美国最豪华的饭店。麦卡锡用了63种浓淡不同的绿色来装饰它。夜里绿色的水银灯把饭店的四周照亮，连服务台用的都是绿墨水钢笔。他打算用大片草皮铺地，当时一家草皮公司因为存货不多，不肯全部出手，麦卡锡干脆把那家公司买了下来。饭店里有大游泳池，有能容纳近2 000人的舞厅，舞厅用了进口红木和玫瑰红大理石来装饰，请了大批当时最著名的演员来表演。他花费100多万美元的巨资举办一次公开的夜宴，邀请了4 000多位宾客，真称得上盛况空前，极其奢华。

有一年的美国国庆日，他的"酢浆草"饭店举办了大型的焰火晚会。饭店前面涌满了40万观众观看焰火。市长都拿他没办法。第二天，各家报

纸都整版地登出了新闻报道。

麦卡锡极爱出风头。他派一架飞机参加航空比赛,飞机起火失事。他又花巨资派了3架飞机参赛,结果包揽了第一、第二名,尽管这花费了他数十万美元,但他的名字随即传遍了美国。他的照片还作为封面登在《时代》杂志上。有人称麦卡锡为休斯敦第一公民。

人们用用一句话来总结他的个性:格伦·麦卡锡是一个只对自己负责的人。一个不懂得怎样握紧自己钱袋的人,又不思考如何赚取更多的钱的人,是注定要走下坡路,甚至彻底失败的。

当时政府颁布了一条阻止石油收购价格下跌的法令,这样出售石油就保持在较高的价位上。而购买者是不愿收购这么贵的石油的,石油卖不出去,这使麦卡锡的收入一下减少了一半。从这时开始,麦卡锡开始走下坡路,他的财富像流水一样迅速地背他而去。

麦卡锡公司彻底地衰败了。麦卡锡卖掉了最后一个石油企业,告别了他亿万富翁的生活。

一个只为自己活着的人,是注定失败的人。麦卡锡的经历,值得每一个年轻人深思。

逐梦箴言

小胜凭智,大胜靠德。

知识链接

【格伦·麦卡锡】

格伦·麦卡锡(Glenn McCarthy,1907 ~ 1988),美国石油大亨,以其"卡里斯马"和传奇经历被媒体誉为"钻石格伦"。

■ 平卡斯的诚信之伦

　　与麦卡锡完全相反,平卡斯是一个完全忘我的商人,他的一生都是为了别人,或者说为了民族而战的。虽然,他的名字和事迹从未在史册上标记,但是,人们说起他的故事时,总是默默地在心里为他祈祷。

　　1980 年 6 月 10 日,平卡斯在家里自杀了。他的妻子,同一天上午,在另一个城市的寓所里自杀。平卡斯留下的遗嘱是一张纸条,上面列着一些名字,他请求朋友原谅。

　　一个有钱的绅士、富商,为什么会自杀呢?

　　原因是,他欠下了还不清的债务。至于他到底欠了多少钱,是在他死后陆续公布出来的。平卡斯自杀 6 个星期后,《华盛顿邮报》报道说,平卡斯已成功地窃得 1.4 亿美元,其中 1.2 亿美元来自世界各地的 18 家银行,其中有瑞士、法国、英国、以色列的银行,还有美国的花旗等 4 家银行。平卡斯死后 2 个月里,《华尔街日报》引用一家瑞士银行的说法,把原先估计的 1.4 亿美元改为 1.08 亿美元。但是人们私下里估计,由于有些银行没有公开声明被平卡斯所骗,平卡斯骗款实际数字可能在 3 亿至 8 亿美元之间。

　　那么,这么大数额一笔钱哪里去了呢?

　　据了解他的人说,平卡斯有一个公司,他生产一氧化二氮,据说这是与美国陆军卫生部的交易。平卡斯用与美国陆军卫生部签署的合同做担保,向这些银行贷款。没有一家银行不信任他。有人估计平卡斯每年的借款额多达 5 000 万到 6 000 万美元。这个数字可能是保守的估计,因为有些

档案记录已被毁掉了。

如果有银行要查看平卡斯本人或索西尔公司的资产负债表，他会毫不迟疑地把它拿出来给他们看。总之凡是要看文件的人都会看到。对于每一宗贷款，查账的银行在调查报告中都被列为平卡斯的唯一债权人。因此，每家银行都有美国政府的文书，都有平卡斯的决算以及他的个人担保。

然而不可思议的是，竟然没有一家银行，包括平卡斯凭合同借款的银行，如花旗银行等，曾向美军陆军卫生部核查一下。

当时连瑞士中央银行的地方支行也认为，平卡斯的签字和中央银行一样可靠。碰巧，银行的一位高级职员亲眼看见，这种说法确曾白纸黑字写在纸上。换句话说，瑞士中央银行也对平卡斯的信用深信不疑。

所以，当一家银行的职员发现平卡斯提供的文件是伪造假文件的时候，借给他的银行还试图站出来帮助平卡斯，但他们都得到了同样的答案，平卡斯的问题远比他们想象的严重得多。严重到不能再严重了。

接下来，他们就得到了平卡斯自杀的消息。

可是，钱到底哪里去了呢？平卡斯不是一个奢侈的人，他甚至是一个低调的人。他不挥霍，也不赌博。可是平卡斯是个安分守己过日子的人。平卡斯是一位循规蹈矩的富商，他虽然把手中财产翻到数亿美元，但他决不去追求花天酒地的奢侈生活。

究竟是怎么回事呢？被平卡斯吞掉的数亿美元巨款花到哪里去了呢？什么证据也查不出来。平卡斯绝非卑鄙小人，也不是无耻窃贼。既然钱又不是被他挥霍掉的，那么，这笔钱会不会被用到某种公共事业上去了呢？平卡斯头脑里会不会存在着某一方狂热区呢？后来一些怪事逐渐曝光了：

每个周五晚上，平卡斯都要驾车直奔日内瓦机场，飞往戛纳去和妻子度周末，甚至在他死后，报界也是这么报道的。现已查明，平卡斯并不在戛纳度周末，而是在每个周五晚上，在尼斯换乘飞机前往以色列首都特拉维夫。

有一次在平卡斯去以色列途中，碰巧遇到一个熟人，熟人怀着强烈的好奇心向他打听，他用神秘的口气说："我在那儿有一套房子，那里头住着

一个女朋友。"

平卡斯死后警方调查此事,可是以色列警方一口咬定,他们根本不知道有这么个人,以及他的什么住房和异性朋友。因为,如果平卡斯果真在那儿有一套住房,作为外国人,按法律他必须登记的,警察局就会有一份档案材料。

这就不难明白了,因为大家都知道以色列在各地有一批精英分子,他们和当地的富人联系,并可以在需要时找到这些人。这些精英分子叫做"采集者"。

可是平卡斯从未谈起过以色列。

当然,这一切,都是在平卡斯自杀之后人们分析出来的。没有一个人知道平卡斯到底是怎样一个人。在人们眼里,平卡斯是这样一个人:会说5种语言:法语、英语、德语、意大利语和保加利亚语,是一位颇有教养的绅士。他中等身材,粗眉大眼,手特大,脑门也很大。有点古怪,性格孤僻,形单影只的,从不和左邻右舍说话,不过见人就给你一个友善的微笑。

39年里,他过的是一种功成名就而且受人尊敬的商人生活,他的住宅被人恰如其分地称为"绅士庄园"。一有空闲,他就在自家花园里侍弄玫瑰打发光阴。传说他的个人年收入存150万美元到200万美元之间,可以称得上是一个阔佬了。他的实际收入比这还要多上百倍,但他"真人不露相",富而不奢,从来不讲排场。

平卡斯去世之后,瑞士报纸以醒目大字为题,报道了平卡斯事件,说他是"保加利亚的犹太骗子"。有趣的是,平卡斯其实并不是保加利亚人,而是瑞士公民。自从他全家在洛桑定居后,他就入了瑞士国籍,持有瑞士护照。他也不能算是犹太人。早在50年代他就公开背弃犹太教,改而皈依基督教。在平卡斯生命的最后25年里,他是个合法的瑞士基督徒。

至于说平卡斯是不是个骗子,那就是另外一回事了。

而到了现在,有多少人在纪念这个优秀的商人,我们也无法知道。可能永远无法知道。

逐梦箴言

记住！品格就是你在黑暗中的为人。

知识链接

【犹太人】

犹太人，亦称"希伯来人"或"以色列人"。公元前 11 世纪建立以色列—犹太王国，公元前 63 年并入罗马帝国，于罗马帝国统治期间被赶出住地。19 世纪，很多犹太人因经商而致富，掀起"犹太复国运动"。

智慧心语

巧伪不如拙诚。

——颜之推

臣心一片磁针石,不指南方不肯休。

——文天祥

失去了诚信,就等同于敌人毁灭了自己。

——莎士比亚

诚实比一切智谋更好,而且它是智谋的基本条件。

——康德

工作上的信用是最好的财富。没有信用积累的青年,非成为失败者不可。

——池田大作

第八章

世道人心

◦导读◦

　　世道，是指社会风气；人心，是指人们的思想。所谓世道人心，其实就是普遍社会心理。人们都说无商不奸，但我们遍查成功企业家的成长史，发现他们中的大多数，都是将大众利益放在心上的人，是胸怀天下，眼界高远，具有德行的人。正所谓厚德载物，上善若水。

■ 正确选择自己的人生

从前,有三个人要被关进监狱三年,监狱长给他们三个一人一个要求。美国人爱抽雪茄,要了三箱雪茄。法国人最浪漫,要一个美丽的女子相伴。而犹太人说,他要一部与外界沟通的电话。三年过后,第一个冲出来的是美国人,嘴里鼻孔里塞满了雪茄,大喊道:"给我火,给我火!"原来他忘了要火了;接着出来的是法国人。只见他手里抱着一个小孩子,美丽女子手里牵着一个小孩子,肚子里还怀着第三个;最后出来的是犹太人,他紧紧握住监狱长的手说:"这三年来我每天与外界联系,我的生意不但没有停顿,反而增长了200%,为了表示感谢,我送你一辆劳施莱斯!"

这个故事告诉我们,什么样的选择决定什么样的生活。今天的生活是由三年前我们的选择决定的,而今天我们的抉择将决定我们三年后的生活。我们要选择接触最新的信息,了解最新的趋势,从而更好的创造自己的将来。

现在,我们身边有很多人不知道如何选择自己的生活,浑浑噩噩地过日子,糊糊涂涂地过完自己的人生。这样的人生,别说是成为企业家,就是普通的工作,也未必做得好。

保险巨子史东是懂得选择人生的人。

他叫克莱门提·史东,是美国保险公司的董事长和主要的股份持有人,同时也是阿波特-柯维尔公司的董事和主要股份持有人,并且还是霍斯思书店的董事长。他可算得上是美国最富有的人之一。在20世纪六七十年代,他拥有个人资产达4亿美元之巨。他一生都从事推销,推销保险,推

销自己的信念和致富的方法。

说起来他的故事很有戏剧性。他还没有念完大学就成了富翁,于是学校将他劝退了。

说起来很有趣。

史东出生于 1902 年。很小的时候,他的父亲就去世了,只剩下孤儿寡母两人相依为命,家境贫寒,生活非常艰难。为了维持生计,史东的母亲做保险推销员。耳濡目染,言传身教,对年幼的史东影响很大。无形中,也就种下了他这一生事业的第一颗种子。

就在克莱门提·史东初中刚毕业,将要升高中的那年夏天,母亲见他闲在家里,让他试着为保险公司拉拉生意。他依照母亲的指点,来到一座办公大楼前。这时他不知道该从何开始,不敢走进大楼。他站在那儿,心里重温着母亲对他说过的话:"当你尝试着去做一件对你只有好处而不会有坏处或损失的事时,不要有顾虑,说干就干!"这样,他便有了勇气,毅然地走进了那扇大门。

他从一间办公室走到另一间办公室,不断地劝说人们到底特律健康一意外伤亡保险公司投保。他甚至不敢有片刻的犹豫,担心恐惧会乘虚而入。他从底楼一直跑到顶楼,逢人就说,终于争取到两位客户。尽管成果并不理想,他却非常高兴,因为这是他第一次当推销员的成绩呀,这已经相当令人鼓舞了。

万事开头难,只要有良好的开端,就不愁将来没有发展。由于他争取到两位客户,史东在保险公司的账户上也就有几元钱佣金,数字虽小,它却标志着零的突破,也是史东人生历程的一座里程碑。

从那以后,史东对自己的推销才能产生了信心,相信有一天一定会成为一名出色的推销员。后来的事实也证明了他的确具有这方面的资质。

他接着干下去,随着经验逐渐丰富,他成功的比率也日渐增加。这一来,他的兴趣更浓了,只要是空闲时间,比如节假日,学校不上课,他就跑出去拉生意,他越做越顺利,有时一天竟能做成 10 多笔生意,甚至最多的时候能做成 20 多笔。这样,他这一天的收入就相当可观了。

正当他为已经取得的成绩而高兴的时候,有人带信来:校长叫他去一趟。

他怀着忐忑不安的心情推开校长办公室的门,校长对他说:"你知道自己违反了校规中哪几条吗?"史东说:"我不知道。"校长说:"你是个很有本事的人,你现在收入已经比我这个校长还高了,知道吗?""不知道!"史东听出对方是在奚落他,他不能忍受一转身走了出去。他就这样退了学。

"塞翁失马,焉知非福。"在一般人看来,他一个中学生为了赌气而离开学校,是非常令人惋惜的。但对于执着于某一件事的人来说,却也未见得完全是坏事,因为这样一来,他更可以全身心地投入到他所喜爱的那项工作中去了。

当然,他后来有了自己的保险公司,并开始涉足商业,最后成为了富翁。人们评价他——一个真正的商人。

逐梦箴言

"人生的价值,并不是用时间,而是用深度去衡量的。"托翁如是说。

知识链接

【克莱门提·史东】

克莱门提·史东(W. Clement Stone,1902 ~ 2002),美国商人、慈善家、成功学作家,白手起家的典型,曾与拿破仑·希尔合著《用积极的心态去赢得成功》(Success Through a Positive Mental Attitude)。

我的未来不是梦

■ 用弹性的生存方式与磨难对抗

　　加拿大魁北克有一条南北走向的山谷。这里有一奇异景色，许多人不知所以，然而揭开这个谜的，竟是一对夫妇。

　　那是 1993 年的冬天，一对打算离婚的夫妇做最后的旅行。他们打算做一次浪漫之旅，如果能找回就继续生活，否则就友好分手。他们来到这个山谷的时候，下起了大雪，他们支起帐篷，望着满天飞舞的大雪，发现由于特殊的风向，东坡的雪总比西坡的大而且密。不一会儿，雪松上就落了厚厚的一层雪。不过当雪积到一定程度，雪松那富有弹性的枝丫就会向下弯曲，直到雪从枝上滑落。这样反复地积，反复地压，反复地弯，反复地落，雪松完好无损。可其它的树，却因没有这个本领，树枝被压断了。

　　他们发现，这个山谷的树很特别——西坡长满松、柏、女贞等树，而东坡却只有雪松。妻子发现了这一景观，对丈夫说："东坡肯定也长过杂树，只是不会弯曲才被大雪摧毁了。"少顷，两人突然明白了什么，拥抱在一起。

　　生活中我们承受着来自各方面的压力，积累着终将让我们难以承受。这时候，我们需要象雪松那样弯下身来。释下重负，才能够重新挺立，避免压断的结局。弯曲，并不是低头或失败，而是一种弹性的生存方式，是一种生活的艺术。

　　做生意也是这样。一个人年轻的时候，总是有很多理想，很多人都立下了大志向，并向着这个志向勇敢前行。可是，却极少有人能够一直走到终点，成为富翁。这个道理一点都不难懂，那些中途停止的人，都是不懂得弯

曲的树枝,被商场的重压压折了枝干。

林绍良是一个"懂得弯曲的树枝"。

林绍良15岁的时候就做起了小老板,父母为他在村东大路旁租下一间小屋子,开了一家小面店,由林绍良出任"老板"。小小年纪的他,勤勉肯干,店内外都由他独自一人料理,生意做得很灵活,不到半年,竟赚了不少钱。

可是,好景不长。九一八事变后,日本侵占了东三省,人心惶惶,林绍良的面店也只好关门了。

赶上兵荒马乱,百业凋敝,乡下的青壮年劳力接二连三地被抓壮丁。为逃兵役,许多福清青年变卖家产,远渡南洋去谋生。林绍良也是其中之一。但他还算幸运,他投奔了他的叔父。叔父林财金在镇上开了个花生油店,林绍良就在店里当学徒。他每天起早贪黑地干活,空余时间还要学习印度尼西亚语及爪哇方言。当时的印尼,也不是安乐之邦,日本侵略者的魔爪已伸向这块土地。爪哇岛上烽火连天,经济凋零,生意人想要赚钱,谈何容易。林绍良发现,在店中坐等顾客上门不行,他便向叔父提出要到外面去推销,叔父答应让他去试试。于是,林绍良走街串巷,上门推销花生油。这一招还真灵,销售额成倍地增长。叔父高兴地给他加了薪,鼓励他继续干下去。

两年后,他有了些积蓄,就想独立创业,去寻求大的发展。他做起了贩卖咖啡粉的生意,每天半夜三更起床,先将买来的咖啡豆磨成粉,再用旧报纸包成小包,天还未亮,就骑上自行车,赶到六七十里外的三宝垅城市去贩卖。

这段经历,成为林绍良一生的财富,后来,每当他回忆起这段"骑自行车贩卖"的艰苦生活时,都不无感慨地说,人需要经得起磨炼,才会有所进步。

也正是因为有了这段经历,才让他在后来的商业生涯中,不怕磨难,不畏压力,勇往直前,走别人不敢走的路,最终走向了成功的彼岸。

1945年8月15日,日本投降后,印度尼西亚宣告独立。但日军刚退出印尼,荷兰殖民军又卷土重来。一场抗击荷兰殖民者的独立战争打响了。

当地华商在中华总会的领导下,大力支援印尼的抗荷独立战争,林绍良是其中表现最为突出的一个。他毅然离开了在异国他乡唯一依托的叔父,选择了一条充满危险的路——给印度尼西亚军队运送军火和药品。

恰逢前些时有一位高级领导人为摆脱荷情报人员的追捕，潜入古突土镇隐蔽，中华总会把这项掩护任务交给了林绍良。这位名叫哈山·丁的领导人在林家藏匿了 1 年多，与林绍良结成了莫逆之交。事后他才知道，哈山·丁是印尼共和国第一任总统苏加诺的岳父。正是通过哈山·丁的关系，林绍良结识了中爪哇第四军区蒂波尼哥罗师的军官们，其中一位便是印尼的现任总统苏哈托，而当时苏哈托是这个师的上校团长。

林绍良找到蒂波尼哥罗师的军官们，跟他们说明了要为他们运送军火的想法。对于处于被围困之中的孤军来说，这无疑是雪中送炭。他们对林绍良的英勇行为大加赞赏，并表示提供安全保护。

双方一拍即合，认真而又慎重地研究了运输路线。不久，林绍良冒着生命的危险，用帆船载着从新加坡购买的武器及军需物品，凭着对地形和海路的熟悉，左右回旋，巧妙地越过荷军封锁线，把一批军火安全地运到了中爪哇印尼军中。就这样，林绍良押运军火，一次又一次地穿越荷军的封锁线，如入无人之境。每次运抵前线，印尼官兵都向他欢呼致意。他从军火生意中获取了相当可观的利润。积累下了他的第一桶金，为日后事业上的成功打下了坚实的基础。

逐梦箴言

人生没有绝境，在最不利的环境下，也能找到生存乃至发展的空间。

知识链接

【林绍良】

林绍良（1915 ~ 2012），原籍中国福建，1938 年移居印度尼西亚，是印度尼西亚知名企业家。

唯有我们自己也愿意伸出手来，
人家才能帮得上忙

在某个小村落，下了一场非常大的雨，洪水开始淹没全村，一位神父在教堂里祈祷，眼看洪水已经淹到他跪着的膝盖了。一个救生员驾着舢板来到教堂，跟神父说："神父，赶快上来吧！不然洪水会把你淹死的！"神父说："不！我深信上帝会来救我的，你先去救别人好了。"

过了不久，洪水已经淹过神父的胸口了，神父只好勉强站在祭坛上。这时，又有一个警察开着快艇过来，跟神父说："神父，快上来，不然你真的会被淹死的！"神父说："不，我要守住我的教堂，我相信上帝一定会来救我的。你还是先去救别人好了。"

又过了一会，洪水已经把整个教堂淹没了，神父只好紧紧抓住教堂顶端的十字架。一架直升飞机缓缓的飞过来，飞行员丢下了绳梯之后大叫："神父，快上来，这是最后的机会了，我们可不愿意见到你被洪水淹死！！"神父还是意志坚定的说："不，我要守住我的教堂！上帝一定会来救我的。你还是先去救别人好了。上帝会与我共在的！！"

洪水滚滚而来，固执的神父终于被淹死了……神父上了天堂，见到上帝后很生气的质问："主啊，我终生奉献自己，战战兢兢的侍奉您，为什么你不肯救我！"上帝说："我怎么不肯救你？第一次，我派了舢板来救你，你不要，我以为你担心舢板危险；第二次，我又派一只快艇去，你还是不要；第二次，我以国宾的礼仪待你，再派一架直升飞机来救你，结果你还是不愿意接

受。所以,我以为你急着想要回到我的身边来,可以好好陪我。"

其实,生命中太多的障碍,皆是由于过度的固执与愚昧的无知所造成。在别人伸出援手之际,别忘了,惟有我们也愿意伸出手来,人家才帮得上忙的!!!

二战结束后,丰田英二的父亲去世了。丰田公司因为缺少源料无法生产,员工在战争中死的死,伤的伤,残的残,公司濒临破产。为了挽救危局,丰田准备裁员,但是遭到了全体员工的抵抗。丰田陷入了绝境。这时丰田改组,丰田英二升任常务董事。公司委派丰田英二去美国考察。

丰田英二赴美的目的有两个,一是考察汽车企业今后的前途,二是和美国厂商洽谈技术合作事宜。早在第二次世界大战前,丰田公司已和福特有过接触。丰田英二访美时,美国福特汽车公司创业者亨利?福特刚刚去世3年,由他的孙子亨利·福特二世接管事业。小福特认为"祖父的作风古老。既然现在由我担,我便要彻底改良公司体制。"小福特初任总裁,正要改良体制,意气风发,丰田英二访美的时候,他正集合了许多专家学者,群策群力,推动现代化经营呢。

在福特公司,两位世界汽车工业巨头会面了。小福特问他:"你想学些什么?"丰田英二便把脑子里想到的都说出来:"质量管理、生产方式……"小福特一脸不耐烦的表情,回答道:"你太贪心了。首先,福特根本没有全部都懂的人。"

丰田英二心里想,福特没有,丰田有!但他没有说出来。

丰田英二第一天考察预算管理,第二天考察质量管理,但他懵然不解,似懂非懂。第三天他便去工厂参观。丰田英二参观了福特公司几乎所有的工厂。福特河洛分厂有两条生产线,以大约每分钟一辆汽车的速度,每天生产800辆汽车。丰田英二在福特实习了3个月。这期间收获很大。他认真考察,虚心学习,用他的话来说,"福特做的,没有丰田不知道的。"

美国福特汽车公司每天总共生产8000辆汽车,而丰田每天只有40辆,真是天壤之别。对此丰田英二心里清楚,但他认为,在技术方面,两者之间的差距却没有这么大。他心里便想,丰田如果能扩大生产规模,也能照福

特的方式生产。

丰田英二在美国实习期间，一位名叫詹姆士·平田的美籍日本人，对他有很大影响。平田在福特公司任高级职员，负责招待他这位"丰田汽车王子"。平田一生曲折离奇，他出生于日本歧阜农村，排行老三。19岁时，母亲给他50块钱，告诉他"出去找份工作吧"，就这样把他逐出家门。少年平日立定志向要"扬名美国"。去美国首先要坐船。他一边打工，一边走，花了几个月的时间到达横滨。去美国的船都是由横滨出发的。平田游泳游到一艘海轮上，跟船长商量说："我想在你船上工作。"船长收留了他。他在船上当侍者，绕了3年，才到达旧金山。平田沿着正在兴修的横贯美国东西的大铁路，最后到达底特律。他后来认识了福特一世，福特一世很欣赏他的百折不挠的进取精神，便收留在自己手下供职。

这时的平田先生已65岁了。丰田英二从平田那里受到启发，那就是：只要认准了目标，世上没有办不成的事情。

丰田英二回到日本后没过多久，朝鲜战争爆发。战争使丰田汽车公司"起死回生"。公司的裁员计划还没来得及执行，就收到了大量的美军订单。美军向日本订购卡车，除了因为从美国本土运送战车到朝鲜运费昂贵之外，时间上也来不及。战争给丰田汽车带来了机遇。从1952年到1962年，美军一直向丰田公司采购卡车。

丰田公司在生产卡车的同时，开始研制开发小轿车。丰田英二在福特学到的东西全部派上了用场，丰田不断扩大生产线，加大生产，企业得到了飞速发展。丰田推出了第一种小轿车"皇冠"的时候，公司举行了隆重的庆典活动，邀请各界人士参加。皇太子光临汽车厂，开着这辆车绕场一周。

皇冠轿车在本国销售取得了成功，丰田英二又把它卖到了美国，并在美国设立了美国丰田公司。后来丰田英二接任了丰田社长，他更加努力工作了，先后和福特、日野、大发等公司合作，生产出各种类型的汽车，推出了"卡洛娜"（"太阳的光冠"）、"可乐娜"（"花之冠"）等世界名车。

自1980年以来，日本每年生产汽车超过1000万辆，成为世界最大的汽车生产国，凌驾于美国之上。而丰田汽车则在日本汽车工业中独占鳌

头,累计生产汽车近 5000 万辆。

丰田汽车工业的发展,和丰田英二这个名字有不可分割的关系。

逐梦箴言

中医有个概念叫"虚不受补",不要成为这样的人。

知识链接

【丰田汽车】

丰田汽车,日本汽车制造商,在世界各地拥有分店,是日本规模最大的企业之一。

■ 爱的忠诚使她成为汽车皇后

1981年3月21日,缠绵病榻的严庆龄终于与世长辞,留下了一个困境中的台湾裕隆汽车公司。儿子尚幼,媚妻已老,大家纷纷传言,裕隆肯定是要倒下了。股市上甚至有人开始低价抛售裕隆的股票了。更有甚者,陆续有人来到严家,要求买下裕隆……

但是,严庆龄的媚妻吴舜文坚决地说不。她说:"裕隆就像一件古董,不识货的人说,你不懂古董,要它做什么?但我深知它是古董,无论谁要买,我都不会卖!"可是,一个年近七旬的女人,一个刚刚丧偶的女人能够管理好裕隆这个包括汽车与纺织两大企业的庞大集团吗?社会上不少人心存疑虑。但吴舜文无暇顾及这些,她甚至没有时间沉溺于丧夫之痛,68岁的她别无选择地披挂上阵,为了丈夫未竟的事业,接过了裕隆汽车公司的第二任董事长的职务。

此时的吴舜文已经是台港台元编织集团的董事长了。所有人都叫她纺织女王。台元纺织集团有元个纺织公司、台文针织公司、联达实业公司、台兴纺织制线公司、牛仔布厂等十几个企业,一个女人有多少能量,能够撑得起这么大的家业呢?难怪大家都捏把汗。

但吴舜文更知道裕隆对于严庆龄的意义。裕隆经历过太多坎坷了,是严庆龄一生唯一的追求,比他的生命还要重要。严庆龄是机械博士,他对汽车制造业情有独钟。在当时的台湾,汽车工业是一片空白。以综合精密机械工业为主的汽车工业,在长期推行"农业台湾,工业日本"的日本殖民

主义者统治的台湾可谓毫无基础,一切必须从头开始。

50年代初期,台湾人均年收入只有2 300台币,哪里买得起昂贵的汽车?台湾当局每年限定仅认发50辆的汽车牌照,而按成本计算,汽车生产厂家每年最低限度要超过10万辆,才能维持生产。况且汽车业设备昂贵,技术性强,质量要求高,短期内根本无法实现100%的自制率,又无法大量生产来降低成本,更谈不上打入国际市场与世界同行竞争了。

在内无大销路,外无竞争力,官方不支持,设备技术缺乏的重重困难面前,严庆龄却执意投身于汽车业,无怪乎"裕隆"建厂之初就有人嘲笑严庆龄是天下第一号"大傻瓜"。然而,吴舜文却坚信丈夫的决策是正确的,将来必定大有作为。因此,每当丈夫碰壁归来或遇到不顺心的事时,吴舜文就满腔热忱地安慰他,鼓励他。在财政上更是将"台元"的赢余源源不断地输入到丈夫的裕隆公司的账户上,使严庆龄得以熬过最困难的创业岁月。严庆龄为此常常感叹道:"没有我太太助我一臂之力,裕隆公司就不会有今天的局面。"

裕隆经历了千辛万苦,经过了无数的风风雨雨,才终于开拓了一个不错的新局面,到了严庆龄去世之前,裕隆汽车公司生产汽车1.6万辆,终于雄踞台湾5家汽车公司之首。到1981年,年产汽车高达5.74万辆,营业额也由当初的3亿多元台币跳到160亿台币。裕隆的业务蒸蒸日上,连美国最大的新闻周刊《时代》杂志都极口称赞它的创办人严庆龄是台湾的福特。

就在这时,严庆龄去世了。可如果就在这时,将裕隆转让出去,那么严庆龄一生的心血都将付之东流。吴舜文不能让丈夫在九泉之下不能安心。她毅然决然地接过了裕隆,并且大刀阔斧地干上了。

首先,她投资45亿元台币,以加快三义汽车厂第一期工程的进度。2个月后一期工程就正式投产;待全部工程完工,该厂的汽车年产量可达26万辆。

其次,为了尽快推出由台湾人自己独立设计车体的汽车,她又斥巨资20亿台币,在新园创建"裕隆汽车工程中心",以开发新型汽车。她广招人才,特邀台湾中央大学工学院院长、34岁的航空工程博士朱信出任中心主

任。随后，朱信又从学术界找到两位生力军——33岁的机械学博士林石甫与34岁的土木工程博士张哲伟，为这项开创历史的计划结成坚强的"铁三角"。

这个铁三角不负众望，1986年4月，经过1800多个昼夜的苦战，以朱信为首的"工程中心"全体员工，果然不负吴舜文的殷切期望，终于推出了台湾第一辆自行设计制造的新型小轿车。欣喜若狂的吴舜文挥笔题名为"飞羚"。羚羊飞奔快如闪电，不仅是汽车本身快捷的写照，也是期盼裕隆集团能像飞奔的羚羊一样高速地向前发展。

裕隆飞羚101型轿车上市后，随即掀起一阵旋风。不仅震动了台湾的汽车制造商，也令海外的同行刮目相看。许多新店铺都纷纷以"飞羚"为名，使街头巷尾都散发着中国人的骄傲。

事隔5年，第二代的"飞羚102"问世，并闯入了欧洲市场。1991年，裕隆汽车工程中心开发设计的"新尖兵"轿车上市，因车型美观，性能优良，勇夺当年小轿车市场销售之冠。吴舜文在汽车事业上的巨大成功令人瞩目，当之无愧地成了台湾的"汽车皇后"。

这时候，她的台元编织集团也没有受到影响，反而在裕隆的影响下，也有了巨大的进步。人们称她"汽车皇后"、"纺织女王"。这时，吴舜文已经年届80了，儿子在美国留学归来，丈夫的事业后继有人了。吴舜文，这个传奇的女人，终于以爱的力量，完整地保存和发展了丈夫的事业。

逐梦箴言

孟夫子有言："诚者，天之道也；思诚者，人之道也。"

我的未来不是梦

知识链接

【吴舜文】

吴舜文（1913～2008），曾任台元纺织董事长、中华汽车工业股份有限公司董事长、裕隆汽车制造股份有限公司董事长，被誉为"中国第一位女实业家"。

■ "负百万富翁"的三起两落商海传奇

20 世纪 60 年代, 英国出现过一个名叫吉姆·斯莱特的亿万富豪, 此人掌握着资本达 2.9 亿英镑的大帝国——斯莱特—沃尔克证券有限公司。在当时, 2.9 亿英镑是吓死人的大数目了。吉姆是英国家喻户晓的风云人物, 他的"联营集团"成了"赚钱"的同义语。

但仅仅一夜之间, 肥皂泡破灭, 市场崩溃, 联营集团倒闭。吉姆的所有财产化为乌有, 还欠下 100 万英镑的债务。但后来几经努力, 他又重新赚回了自己的英镑。重新成富翁。这个传奇的人物, 一生经历了三次起落, 可谓惊心魂魄。

说起来, 吉姆是个天才。吉姆 24 岁取得了会计师资格。他在一家亏损达 4 万英镑的公司里工作, 由于他在经营管理和商业技巧方面的特殊资质, 只一年时间就使公司扭亏为盈, 并且净赚 2 万英镑。他自己也觉得自己有这方面的才能, 于是他辞去职务, 办起了自己的公司, 谁知出师不利, 才 3 个月就一败涂地。这是他的头一次失败。这是他的第一次起落。

第二次更悬。

欠了一身债的吉姆, 在一家公共汽车和马车车身制造公司里干了 3 年, 当上了这个公司销售部经理。大约一年以后, 他因为长途奔波推销产品而病倒。在住院治疗和康复期间, 他琢磨出了一套他的"祖鲁人原则"。这条原则的意思是: 只要选择一个比较狭窄的课题反复钻研下去, 就会成为这方面的行家里手。比如说, 你在《读者文摘》上看到一篇有关祖鲁人的文

章,仔细读过之后,你就比你这条街区的人对祖鲁人要知道得多些。如果你再跑到图书馆把有关祖鲁人的书籍都借来看,你就知道得更多。如果你去南非到祖鲁人住的地方继续研究,你就比英国任何一个人对此题目知道得多些。

吉姆说:"重要的是,因为祖鲁人是一个比较狭窄的题目,你可以集中精力去对付他。正如激光束要比霰弹枪更好一样,是相同的道理。"

吉姆的想法是把祖鲁人原则用到证券市场上去。为此,他仔细钻研较为狭窄的净利收入领域,而不去研究公司的资产。他把他的全部钱财都购买他认为有前途的一家公司的股票,而不是分散冒险。他投入 2800 英镑,干了 3 年之后滚成了 5 万英镑。

这次,他吸取了前次的教训,他一边业余玩股票生意,一边先后在几个公司里任职,从一家公司的商务经理到另一家公司的财务经理。但他的生意越玩越大,居然玩出了吉姆——沃尔克证券有限公司。如此经过 7 年,公司成了欧洲屈指可数的大财团;1972 年,又拥有 2.9 亿英镑的资产,所经营的公司从事银行、地产、保险、工业和投资管理。

这是他的第二次起家。但噩运很快又来了。

1973 年,证券市场崩溃,银行发生危机,地产市场关闭。两年内,这艘大船就沉没了。1975 年 10 月,吉姆从公司辞职出来后,不但成了一名破产富豪,而且还面临新加坡政府的刑事起诉。吉姆背了 100 万英镑的亏空,新加坡政府先后向吉姆等人发了 15 次传票,要求引渡。英国政府也对他发出了逮捕状。法庭后来作出了有利于吉姆的判决,拒绝引渡,可是吉姆为这事已耗费了 1 年的时光。

突然之间,你从 800 万变成负 100 万。这时还要养家糊口,又来了引渡的威胁。

吉姆这一跤摔得好惨。除了吃官司,就是权势、地位和金钱的丧失。此外还有欠债。

这是他的第二次降落,看上去,吉姆不可能再起来了。

天才毕竟是天才。吉姆很快冷静下来,清理了思路。他的负 100 万是

由正200万和负300万构成的。他此时有200万英镑的资产,如农场和藏画之类,但欠300万英镑的债务。这300万是用农场和藏画作抵押向一家银行、一家保险公司借来的。

吉姆首先找到了银行,他说:"我有个计划把钱赚回来,就看贵银行肯不肯扶我一把了。门外有我的一辆罗尔斯-罗伊斯高级轿车,那是一辆旧车子,可是依然很漂亮,我还雇有一名汽车司机。你们如果硬要我卖掉它抵债,我也没有办法。但这样一来就影响了我的信用,因此就影响了我把钱赚回来还你们的能力。你们可能向上也可能向下,就看你们走哪条道了。"

银行同意他的观点,但是要求他每个月汇报情况。吉姆说:"我每个月都写信向你们报告情况。"吉姆说得很轻松。其实那是因为他在金融界久负威名,一贯以善于捞钱著称,因此人家才会答应贷款给他。办成了这件事后,吉姆又去找保险公司,也多少贷到了一些款子。

背着100万债务,还要支付利息、生活开支和雇人的开销,外加租用写字楼的费用。他细算了一下,在三四年内,至少要赚到250万才能还清那100万的债务。在亏欠100万的情况下要做到这一点,是非常困难的。

怎么办呢?至少怎么下手呢?吉姆先后做了三件事:头一件事是稳住债主;第二件事是维持信用;第三件事是设法赚钱。幸运的是,有个名叫罗兰的朋友愿意同他合作。他们合办了一家公司做房地产生意。公司买下了伦敦巴特西附近的一座大厦,共有192间单元套间。他们先付出30万英镑买下,转手以100万卖出,赚了约70万英镑。然后他们又买下了巴克利大厦,付出50万英镑,6个星期后以70万英镑转手卖出。

与此同时,吉姆还写书。他有4个孩子,市面上为孩子们出的好书不多,他就为孩子写书。这也赚了一些钱,但是不多,可却是无本生意。他统共写了29本书,其中有些只是不到1000个字的小册子。

这时吉姆仍然欠债,用分期付款方式还债。他在股票生意上赚了些钱,用赚来的钱去填以前的窟窿。他还债拖了很长时间,有四五年光景,利率很高。但吉姆终于把100万债务连同利息全部还清了。

随着欠债的归还,他的信心也在增强。他做的事落差很大,一方面写

书和在别人的窗框厂工作,一边还做金矿与渔场的生意,他在金矿和渔场上赚了近千万美元。与此同时,他还涉足石油、黄金和卫星通讯买卖。人们跟他谈投资时,发现他有一个怪癖,他不谈赚多少英镑或美元,而只讲百分比。他说,如果你投资 1000 英镑,在一星期内赚了 130 英镑,那不坏。如果一年之内赚 130 英镑,利润只有 13%,那还不如存银行吃利息呢。如果投资 1 万英镑,那利润就只有 1.3% 了。

就这样,他传奇般地第三次崛起来了。

吉姆说:"也挺好的,就在这种时候,最能识别真假朋友,这时候我没有碰到多少让我不愉快的朋友。"他的朋友们也说,吉姆走红的时候对人好,因此他走下坡路的时候,人家也对他好。

但是交朋友是一回事,生意场中的人际关系则是另一回事。就拿股票市场来说,经纪人是不想和买卖股票的人联合起来的。金融界作为一个整体,是只认合同不认人的。在困难的时候,他们是不愿意跟你联合或者给你支持的。

吉姆认为他的运气平平,一般。他不认为他的命运有多好,他也不记得曾碰到过特别大的幸运。让他记忆深刻的倒是他曾发明过"负百万富翁"或"破产富翁"这个名称。同样,他也不怨天尤人,那就像打桥牌或玩什么东西一样。你坐下来玩牌,某些人总是抱怨牌运不好,总拿坏牌。吉姆说,我想一个人不会总拿坏牌吧,人们总起来算是处于中等水平的。

有朋友开玩笑地问吉姆:"可是,如果……如果你老兄又亏欠 100 万怎么办?"

吉姆叼着雪茄烟,望着窗外纽约的摩天大厦一笑说:"一个人交过一次大大的好运,并不一定会再交上好运的。同样,一个人交过一次大大的坏运,就不会再交坏运了。因为我已经吸取教训了。"

那朋友又问吉姆:"你今后有什么打算?"

吉姆笑着说:"小心玩我手里的牌。"

逐梦箴言

古罗马的普利尼曾说过："在希望与失望的决斗中,如果你用勇气与坚决的双手紧握着,胜利必属于希望。"

知识链接

【吉姆□斯莱特与"祖鲁人原则"】

吉姆·斯莱特(Jim Slater),1929 年生人,英国投资家。文中提到的"祖鲁人原则"出自他 1992 年出版的著作——《从普通份额中获取超值收益——祖鲁人原则》。

• 智慧心语 •

富润屋, 德润心, 心广体胖。

——《礼记·大学》

从善如登, 从恶如崩。

——《国语》

以至诚为道, 以至仁为德。

——苏轼

道德是永存的, 而财富每天在更换主人。

——普鲁塔克

那些立身扬名出类拔萃的, 他们凭借的力量是德行, 而这也正是我的力量。

——贝多芬

第九章

高瞻远瞩

◇导读◇

　　人无远虑，必有近忧。一个胸怀大志的人，必须将自己的目光放长远，统揽大局，放眼全局，才能将事业做好，取得成功。

■ 放开眼界，用自己的思维独立思考

爱若和布若差不多同时受雇于一家超级市场，开始时大家都一样，从最底层干起。可不久爱若受到总经理的青睐，一再被提升，从领班直到部门经理。布若却像被人遗忘了一般，还在最底层混。终于有一天布若忍无可忍，向总经理提出辞呈，并痛斥总经理用人不公平。总经理耐心地听着，他了解这个小伙子，工作肯吃苦，但似乎缺少了点什么，缺什么呢？

他忽然有了个主意。"布若先生，"总经理说："请您马上到集市上去，看看今天有什么卖的。"布若很快从集市回来说，刚才集市上只有一个农民拉了一车土豆卖。"一车大约有多少袋，多少斤？"总经理问。布若又跑去，回来说有 10 袋。"价格多少？"布若再次跑到集上。 总经理望着跑得气喘吁吁的他说："请休息一会吧，你可以看看爱若是怎么做的。"

说完叫来爱若对他说："爱若先生，请你马上到集市上去，看看今天有什么卖的。" 爱若很快从集市回来了，汇报说到现在为止只有一个农民在卖土豆，有 10 袋，价格适中，质量很好，他带回几个让经理看。这个农民过一会儿还将弄几筐西红柿上市，据他看价格还公道，可以进一些货。这种价格的西红柿总经理可能会要，所以他不仅带回了几个西红柿作样品，而且还把那个农民也带来了，他现在正在外面等回话呢。

总经理看了一眼经了脸的布若，说："请他进来。"爱若由于比布若多想了几步，于是在工作上取得了成功。人与人的差距，更多体现在思想方法上，虽然初始时就那么一点点，但日积月累就越拉越大，所以发现差距及时

总结,方能迎头赶上。

　　一个人,要善于观察、学习、思考和总结,仅仅靠一味地苦干奋斗,埋头拉车而不抬头看路,结果常常是原地踏步,明天仍旧重复昨天和今天的故事。

　　早期苏联成立苏维政府之后,百废待兴,然而谁也想不到的是,这个物广人稀,资源丰富的国家,第一个拥有矿山开采权的外国籍企业家居然是20出头的孩子,而且还是列宁亲自批的。

　　更让人想不到的是,这一切都源于这个年轻的企业家的一个非商业性行动。

　　十月革命后,哈默的父亲作为美国共产党的创始人之一,对苏联十分关注,并向被封锁的布尔什维克政权提供过必需品。但由于一次医疗事故,1920年6月,哈默的父亲受审入狱。这时哈默正好大学毕业,他决定利用从课业结束到实习开始之间短短半年的间隔,去苏联访问。年轻气盛的哈默决心完成父亲未遂的愿望,到父亲出生的国家,去帮助苏联战胜正在那里蔓延的饥荒和伤寒。

　　于是,哈默以200万美元的售价卖掉了从父亲手里接过的制药公司,而花了十几万美元买下一座野战医院以及与之配套的医药用品和医疗器材,还花了1.5万美元买了一辆救护车,在车身侧面刷上"美国赴莫斯科医疗团"字样。他要把这些作为见面礼物送给苏联人。这在当时是一件令人震惊的事情。当时的苏联与大多数西方国家隔绝,在许多人看来,哈默此行无异于到月球上去探险。就这样,23岁的哈默走上了一条将从根本上改变他的生活的道路。

　　这位年轻的百万富翁一路上历尽艰辛,终于在1921年初夏到达苏联。由于旅途劳累,他病倒了。但他毫无怨言,谢绝特殊优待,与苏联人民一起过着战时凄苦的生活。他每天坚持背诵和学习使用100个俄语单词,以便能很快开始工作。

　　1921年8月初,哈默随一个代表团到乌拉尔地区考察。这里的情况令他大惑不解:一方面蕴藏着巨大的宝藏,物产丰富,白金、宝石、毛皮等贵重

物品几乎应有尽有；另一方面饥荒严重，饿殍遍野，最起码的生活必需品奇缺。于是，他问带队的苏联人："为什么你们不出口这些东西换口粮食？""那不可能，"他们回答，"欧洲刚刚解除对我们的封锁，要卖出这些东西，进口粮食，所需时间太长。而且要使乌拉尔地区的人民免于饥饿，至少需要100万蒲式耳的粮食。"这时一个大胆的计划在哈默头脑中形成。他联想到当时美国粮食大丰收，粮价已跌到每蒲式耳1美元，便提出建议："我有100万美元的资金，可以在美国紧急收购100万蒲式耳的小麦，海运到彼得格勒，卸下粮食后，再将价值100万美元的毛皮和其它货物运回美国。"哈默的建议很快传到莫斯科，列宁亲自回电表示认可这笔交易，并请哈默速返莫斯科。

到达莫斯科的第二天，哈默就被召到列宁的办公室。为使年轻的苏维埃得到休养生息，列宁当时正实行新经济政策，因此对哈默的提议格外重视。列宁从办公桌边站起来欢迎哈默，并用英语与他亲切交谈。当列宁代表苏联政府向哈默表示诚挚的感谢时，这位伟大的革命家竟激动地流下了热泪。

从此，这个年轻的美国企业家与主伟大的革命家政治家结下了真挚而深厚的友谊。列宁鼓励哈默投资办厂，允许他开采西伯利亚地区的石棉矿，从而使他成为布尔什维克苏联第一个取得矿山开采权的外国人。

结果当然是哈默既帮助战后的苏联恢复了经济，又赚了许许多多的钱。最重要的是，此举为他在苏联的经济活动拉开了序幕，成为苏联最重要的美国企业家。而后又再接再厉，回国后点石成金，在多个领域都取得了成功。他一生创造的财富，多得自己都数不清。

我的未来不是梦

逐梦箴言

比武中有"一力降十慧"之说，其他场合往往相反。

知识链接

【哈默】

哈默（Armand Hammer，1898～1990），俄裔美国人，企业家，"商业天才"。此外，哈默还是一位社会活动家——特别是对美国与苏联的外交来往做出了巨大贡献，被列宁称为"哈默同志"。

用超前的眼光掌握最前沿信息

有三个人要被关进监狱三年,监狱长给他们三个一人一个要求。美国人爱抽雪茄,要了三箱雪茄。法国人最浪漫,要一个美丽的女子相伴。而犹太人说,他要一部与外界沟通的电话。三年过后,第一个冲出来的是美国人,嘴里鼻孔里塞满了雪茄,大喊道:"给我火,给我火!"原来他忘了要火了。接着出来的是法国人。只见他手里抱着一个小孩子,美丽女子手里牵着一个小孩子,肚子里还怀着第三个。最后出来的是犹太人,他紧紧握住监狱长的手说:"这三年来我每天与外界联系,我的生意不但没有停顿,反而增长了 200%,为了表示感谢,我送你一辆劳施莱斯!"

这个故事告诉我们,什么样的选择决定什么样的生活。今天的生活是由三年前我们的选择决定的,而今天我们的抉择将决定我们三年后的生活。我们要选择接触最新的信息,了解最新的趋势,从而更好的创造自己的将来。

法国服装大师皮尔·卡丹如今可谓名传天下,誉满全球了。几十年以来,他一直站在全世界的服装业最前沿,引领世界服装新潮流。现在,他的企业遍布全球。他拥有 98 个国家和地区的分公司,共有雇员 18 万人;他领到的营业执照多达 720 个。他所经营的产品已远不止服装了:汽车、飞机、家具、地毯、灯具……但人们永远忘不了的,还是他对服装业的超前眼光、魄力和才华。

这个富于创造力的人引领了几次服装革命。

我的未来不是梦

第一次,他让普通群众都穿上了"高级时装"。

在当时的巴黎,有许许多多时装店,但,但够得上"高级时装"水平的服装企业也只有 23 家。而且,在当时的法国,时装业本来是一个限制极严、顾客有限的特殊行业,也就是说,只有贵妇或演员们才能穿到这些高级时装。皮尔?卡丹首先意识到,高级时装只有在群众中开辟市场,才能找到真正的出路。

他改变了时装经营的方式,把量体裁衣、个别订做改成小批量生产成衣,并不断地更新款式。小批量投放市场的时装,既不落套,又能产生较大的社会影响,这无异于是给他自己的设计做广告。而喜欢他作品的所有女子都有可能穿上他设计的长裙,这又打破了服装的阶层局限。让普通群众都穿上了高级时装。这样做,事实证明是非常正确的,给他的服装业带来了无限的生命力,

第二次革命,让他成为众矢之的。

因为这一次他把主攻方向改为男式时装。这在服装业中又激起一致的愤慨,因为,按照法国的传统,一位出色的时装设计师,只应该缝制女人的服装。当皮尔·卡丹第一次展出各式男式成衣时,人们就像在参加一次真正的葬礼,他被指责为离经叛道。但他并不气馁,他从大学里直接聘请时装模特儿,使人们更了解他的服装,这一招使他的演出取得巨大成功。结果,他被雇主联合会除了名。

不过,几年以后,当他重返这个组织时,他的地位却大大提高了。因为这时,人们已经接受了男式时装的理念,并肯定了他的成就。但是,正当他的成就得到同行们一致公认的时候,他又出惊人之语,预言高档时装正缓慢地走向死亡。他毅然地抛弃了服装业的明星制,把大批成衣送到各大百货商店去销售。

此举又一次招来同行们的怨怒和责备,他们认为皮尔·卡丹这样做是肯定要毁掉时装业的。现在,哪家服装厂不在广泛地销售自己生产的成衣呢?然而在当时,他的做法的确是显得有些离经叛道。皮尔·卡丹承受了同行的攻击,但具有超前意识的他清楚地知道,那是开创和振兴服装业所

必须付出的代价。所以皮尔·卡丹并不灰心。果然,不到三四年工夫,他又被这个组织请回去当主席。

第三次革命更为彻底,这一次他服装业完全推向了群众,让更多的人享受成果。

皮尔·卡丹的名气与日俱增,名流和贵族们纷纷请他设计时装。可是有一天,他突然对此厌倦不堪。他想:为什么光为这些人服务呢?不仅要向富人,也要向大众提供更多我设计的服装。

于是,他扩大经营的范围,不仅有男装、童装、手套、围巾、鞋帽、挎包,而且还有手表、眼镜、打火机和化妆品。并且,他将自己的企业不断地向国外扩张,首先在欧洲、美洲和日本得到了许可证,打开了市场。1968 年,他又增加了家具设计,渐渐形成了"皮尔·卡丹"商标的系列产品。他成了拥有自己银行的时装家,在世界五大洲 80 个国家内,有他的 600 多家工厂、企业,产品基本都是他自己设计的。

他开始拥有一个帝国。

他曾经自豪地说:"我可以睡卡丹床,坐卡丹椅,在一切由我设计的饭厅里吃饭,用我的照明灯,去剧院看戏或参观展览,都可以不出我的帝国。"

皮尔?卡丹,这个审美领域的伟大创新者,一生饱尝了开拓者的孤独,但他宁可孤独也不愿混迹上流社会。他总是独来独往,思维像一匹野马跑在时代的前面。正因为他既有强烈的时代感,又能超越时代,所以他在竞争中总是能获胜。他认真地总结了每次的胜利,有的其实是无利可图的,他的看法是,既要挣钱,又要赢得尊敬,有时候不可能两全,但只要能胜利,就是一种标志。这样看来,似乎他所有的努力都是为了人生的价值,物质财富则退到次要的位置。

是的,在人生的跑道上,领跑的人,注定是孤独的。

逐梦箴言

孤独来源于思想的卓越,解除孤独的方法只有一个,那是不断超越自己。——周国平

知识链接

【皮尔□卡丹与影视服装】

皮尔·卡丹(Pierre Cardin),1922 年生于意大利,是法国杰出服装设计师。皮尔·卡丹热衷影视,曾在中国红极一时的日本电视剧《血疑》中的服装,有些就是出自皮尔·卡丹的设计。

■ 寻找战胜对手的智慧

1984 年,在东京国际马拉松邀请赛中,名不见经传的日本选手山田本一出人意外地夺得了世界冠军。当记者问他凭什么取得如此惊人的成绩时,他说了这么一句话:凭智慧战胜对手。

当时许多人都认为这个偶然跑到前面的矮个子选手是在故弄玄虚。马拉松赛是体力和耐力的运动,只要身体素质好又有耐性就有望夺冠,爆发力和速度都还在其次,说用智慧取胜确实有点勉强。

两年后,意大利国际马拉松邀请赛在意大利北部城市米兰举行,山田本一代表日本参加比赛。这一次,他又获得了世界冠军。记者又请他谈经验。

山田本一表情木讷,不善言谈,回答的仍是上次那句话:用智慧战胜对手。这回记者在报纸上没再挖苦他,但对他所谓的智慧迷惑不解。

10 年后,这个谜终于被解开了,他在自传中是这么说的:每次比赛之前,我都要乘车把比赛的线路仔细地看一遍,并把沿途比较醒目的标志画下来,比如第一个标志是银行;第二个标志是一棵大树;第三个标志是一座红房子……这样一直画到赛程的终点。比赛开始后,我就以百米的速度奋力地向第一个目标冲去,等到达第一个目标后,我又以同样的速度向第二个目标冲去。40 多公里的赛程,就被我分解成这么几个小目标轻松地跑完了。起初,我并不懂这样的道理,我把我的目标定在 40 多公里外终点线上的那面旗帜上,结果我跑到十几公里时就疲惫不堪了,我被前面那段遥

远的路程给吓倒了。

在现实中,我们做事之所以会半途而废,这其中的原因,往往不是因为难度较大,而是觉得成功离我们较远,确切地说,我们不是因为失败而放弃,而是因为倦怠而失败。在人生的旅途中,我们稍微具有一点山田本一的智慧,一生中也许会少许多懊悔和惋惜。

李嘉诚用商业经见证了这一道理。

李嘉诚上中学的时候父亲突然去世了。16岁的他,只好结束学业匆匆步入了社会。他找的第一份工作是在茶楼当伙计。这成为了他的第一个赛程。

南方人起得早,睡得晚,茶楼天不亮就要开门,到午夜还不能休息。每天"披星戴月上班去,万家灯火回家来",要工作十几个小时,对一个未成年的少年来说,这实在是太难熬了。小嘉诚也抱怨过自己的"命"不好,甚至希望哪天日本鬼子的枪走火,把他打死算了!但是他想到母亲和弟妹,感到自己有责任为家庭分忧,就是再困难也得拼下去。有一次,因为太疲倦了,他一不小心把一壶开水洒在地上,溅湿了客人的衣裤。父亲曾多次告诫我,"要作男子汉,就要'失意不能灰心,得意不能忘形'。顶天立地的男子汉,第一是要能吃苦,第二是要会吃苦。"

李嘉诚在茶楼里一泡两年。茶楼是三教九流聚会的地方,各种各样的人,各种各样的事,都能看到听到。久而久之,就使他练出了一种眼光,一个人是从事什么职业的,他的性格特征、生活习惯、为人处事,一见面就能猜出个八九不离十,也知道了该怎样与这样的人相处。他读书不多,但是学会了利用环境观察别人,这为他后来做推销打下了基础。

李嘉诚的第二个赛程是做一名优秀的推销员。

17岁那年,大胆地迈出了新的一步。他找到一份为塑胶厂当推销员的工作,便辞掉了茶楼里的活。

推销员,被很多人称作"成为富豪的必由之路",但也被认为是"天下最复杂的职业"!做推销员要有特殊的本领。首先是要能跑,这一点,李嘉诚不在乎,在茶楼里跑堂,他能连续12小时不落座,也不感到腰酸腿痛。为

了节省路费,他上下班从不乘车,十来里路,总是走来走去;出外联系业务,一个上午,能在香港大街上打个来回!做推销员的另一件本事是脸皮厚,能磨会缠,使客户不得不买自己的商品。不过李嘉诚从不愿意死皮赖脸地缠人家,他总是事前想好几套方案,使人家自然而然地接受他的商品。

有一次他推销一种塑料洒水器,走了几家办公室都没有人要,他灵机一动,对办公室的人说,洒水器可能出了点问题,想借人家的水管试一下,于是乘机在办公室里表演起洒水来,结果引起了人们的兴趣,一次就卖掉了十几个。

有人认为,推销员一定要能说会道,李嘉诚却不以为然。他不喜欢高谈阔论,讲话也是不快不慢,没有那种所谓外交家的口才。但是他非常注意市场和消费者使用这类商品的情况,别人不需要或者已经有了的东西,你去推销当然是白费劲!当时他把香港划分成很多区域,把每个区域的居民生活情况和市场情况都记下来,这样就知道什么产品该到什么地方去推销。短短一年以后,李嘉诚推销商品的数量超过了厂里那些老推销员。

由于李嘉诚推销有术,别人做不成的生意他能做成,他所在的那家塑胶厂的效益也就越来越好。生产同类产品的厂家,发现竞争胜负的关键竟在这小小的推销员身上,便想花大代价把李嘉诚挖过去。李嘉诚的老板得到消息,惟恐李嘉诚真的成了别人手中的工具,于是抢先下手,把李嘉诚提拔为业务经理,并破例给了李嘉诚 20% 的红股。李嘉诚通过报刊了解国外市场的变化,通过茶馆和娱乐场所掌握本地的行情,心中有数,指挥有方,他手下的推销员都能根据他的指导完成任务。而李嘉诚也因此熟悉了塑胶行业生产经营的全过程,并且开阔了视野,增加了交往,提高了管理能力。正如他自己所说,"吃透了这一方云雨"。

他的第三个赛程是开工厂。

3 年以后,正当厂里准备重用李嘉诚的时候,他却坚决地辞职了。

20 岁的李嘉诚认为自己已看清了形势,做好了准备,他要放手大干一番了。

白手起家的李嘉诚,用自己几年来积蓄的 7000 港元,又向朋友借了些

我的未来不是梦

钱,在维多利亚港附近的一条小溪旁,租下了一间灰暗的小厂房,买下了一台老掉牙的压塑机,办起了"长江塑胶厂"。有人开玩笑说,这个厂只有这块招牌是新的,别的全是旧货!但是李嘉诚不这样想,他选择"长江"作厂名,是有深刻用意的。他说:"如果你不广泛吸纳细小的支流,就不能成为大河。一个干实业的人,就必须有广阔的胸襟与别人一起工作!"充分显示出一个实业家的眼界。厂子刚创办,缺乏资金,更缺乏人才,采购、设计、生产、推销,都得李嘉诚亲自过问。每天一大早,他出门去联系业务,这时他是采购员兼推销员;到他回厂后,厂里一天的生产才能开始,这时他是师傅、老板;晚上搞设计,以便工人们第二天能照图施工,他又成了工程师……那时他几乎每天都要工作 16 个小时!

年轻的李嘉诚就像别的创业老板一样,希望事业发达,他急于扩大再生产,缺少资金,就向朋友去借。但是他也碰到了所有初涉市场的企业家惯常碰上的问题:产品出现积压,资金周转不灵。他没有阔亲戚、富朋友,人家借给他的钱,都是准备自己办事用的,所以一定要如期归还。可是李嘉诚借来的钱已经变成了产品,而产品还没能变成钱,他拿不出钱还人家,一度面临破产的危机。据说他有一天晚上围着工厂转了大半夜,几次向河边走去,但终于又走了回来。他没有自杀,第二天,他又找来一个经销商,希望这个人能支持他渡过难关。可是那个经销商边看边摇头,围着厂子转了一圈,在河边撒了一泡尿,走了。

朋友们都劝李嘉诚,算了,干脆把厂子卖掉,还了债,自己到别人的厂里去做工。凭他的能力,一定能得到老板的赏识,待遇不会差的。

李嘉诚不愿意这样做。

只有在困境中不屈服的人,才有成功的可能。

他冷静地总结自己失败的原因,主要是操之过急,生产与销售配合得不好。他果断地收缩生产,把得力的工人派出去搞推销。他自己也背着产品跑遍了香港,拜访了上百个代理商。长江厂的产品毕竟质量好,很快就得到了几个代理商的支持,他们预付了一笔定金给李嘉诚,使他终于渡过了这个难关。

　　李嘉诚又发现，各大商店几乎都没有塑胶花卖。香港人是喜欢摆设的，应该会欢迎逼真、漂亮又便宜的塑胶花；而塑胶花的生产技术要求并不高。他毅然决定，大量生产各种各样的塑胶花。果然，塑胶花很快进入了千家万户，也为李嘉诚带来了可观的收入。

　　后面的故事不用讲了。李嘉诚凭着这种智慧一步一步走下去，使自己的人生渐入佳境，在香港富豪的"龙虎斗"中，李嘉诚以独特的经营方针和策略，把握时机的准确和果断，超凡的毅力和信念，步步为营，节节高升，最终登上了香港首席大富豪的宝座，成为称雄香港的"超人"！ 1992年，美国的《福布斯》世界富豪排名，李嘉诚以38亿美元的个人财产列世界第35位，成为全球华人中的首富！

逐梦箴言

很多时候，不是比谁赢得多，而是比谁输得少。

知识链接

【东京国际马拉松邀请赛】

　　东京国际马拉松邀请赛，1981首次举办，这一年连办了两届，之后每年举行一届，由《读卖新闻》社和《产经新闻》社交替主办，截止到2007年起改为东京马拉松大赛，共举办27届。

　　值得玩味的是，1984年那届的冠军是坦桑尼亚选手扎马·依坎嘎(Juma Ikangaa)，并非山田本一。不过故事说明的道理，还是很值得借鉴的。

■ 挖一口属于自己的井

有两个和尚住在隔壁,所谓隔壁就是隔壁那座山,他们分别住在相邻的两座山上的庙里。这两座山之间有一条溪,于是这两个和尚每天都会在同一时间下山去溪边挑水,久而久之他么变成了为了好朋友。

就这样时间在每天挑水中不知不觉已经过了五年。突然有一天左边这座山的和尚没有下山挑水,右边那座山的和尚心想:"他大概睡过头了。"便不以为意。

哪知道第二天左边这座山的和尚还是没有下山挑水,第三天也一样。过了一个星期还是一样,直到过了一个月右边那座山的和尚终于受不了,他心想:"我的朋友可能生病了,我要过去拜访他,看看能帮上什么忙。"

于是他便爬上了左边这座山,去探望他的老朋友。

等他到了左边这座山的庙,看到他的老友之后大吃一惊,因为他的老友正在庙前打太极拳,一点也不像一个月没喝水的人。他很好奇地问:"你已经一个月没有下山挑水了,难道你可以不用喝水吗?"

左边这座山的和尚说:"来来来,我带你去看。"于是他带着右边那座山的和尚走到庙的后院,指着一口井说:"这五年来,我每天做完功课后都会抽空挖这口井,即使有时很忙,能挖多少就算多少。如今终于让我挖出井水,我就不用再下山挑水,我可以有更多时间练我喜欢的太极拳。"

我们在公司领的薪水再多,那都是挑水。而把握下班后的时间挖一口属于自己的井,未来当年纪大了,体力拼不过年轻人了,还是有水喝,而且

喝得很悠闲。

井植薰用 24 年挖了一口井,就口井,就是著名的三洋。

井植薰 14 岁高小毕业的第二天,就离开家乡来到大阪,他在姐夫松下幸之助的"松下电器制作所"当学徒。胸怀大志的井植薰牢记小学老师浜野先生"今后要一边工作一边继续学习"的教导,在艰苦的学徒生活时期,工作再苦再累,也不放松学习。他先后坚持读了 8 年夜校,前 4 年学机械制造,后 4 年学商业会计。机械加算盘,培养了他用数字来考察事物的习惯,也为他涉足电器制造行业打下了牢固的基础。

24 年以后,井植薰成了松下公司内举足轻重的人物。他向"大老板"松下幸之助提出了辞呈。这对姐夫松下来说,是一个打击。他一再挽留,反复询问辞职的原因,并动员几批说客对井植薰做工作。但井植薰的井已经挖成了,他已经不必再挑水吃了。

1949 年 12 月 30 日,井植薰挥泪离开了松下公司,1950 年春节后,井植薰就跟大哥井植岁一起注册了资金为 2000 万日元的三洋电机公司,井植薰崭新的"三洋生涯"开始了。

井植薰在松下那样水源丰沛的地方挑水吃时,就默默为自己挖出了一个井__三洋。这说明他是多么有心的人。他的这个特点不仅表现在此,在后来的商业生涯中,无时不表现着他的这一能力。

三洋公司成立不久的时候,决定生产一批收音机。当时,收音机已有普及的趋势,前景十分广阔。但由于政府对收音机征收 30% 的高税,售价偏高,老百姓宁愿自己买零件装配,也不买成品,从而形成收音机销售数量下降的奇怪现象。井植薰认为,只要在如何降低成本上做文章,生产出质量上乘而又价格低廉的收音机来,销路肯定会打开。

在当时日本市场上,一台 5 灯收音机的零售价在 1 万日元以上。作为同行业小弟弟的三洋电机,要战胜老牌厂商,就必须把价格降到 1 万日元以下。

首先,井植薰制定出一个雄心勃勃的计划,年产量为 7.8 万台。而当时生产收音机的头号厂商松下公司,普及型收音机的年产量也不到 5000

台,一般厂家更在 3000 台以下。如果这个大批量生产的计划能够成功,那么生产成本就能大幅度降低,价格便具有竞争力。

其次,真空管是收音机的心脏,它的价格要占收音机出厂价的 8% 左右。如能争取到真空管专业厂家的理想价格,收音机成本下降也就有了保证。井植薰找了几家厂商,结果都碰了壁。他决定改变谈判策略,采取迂回作战的技巧。

井植薰找到新日本电气公司的片冈总裁,对他说:"我们三洋公司打算生产收音机,问题是真空管的价格,你能否按我收音机的出厂价的 10% 卖给我?"片冈眨了眨眼,带着疑惑的口气问:"那么你的收音机打算卖多少钱呢?"井植薰笑着说:"这是企业秘密,我将在收音机首批销售日前一天晚上告诉你。"

"什么?"片冈被弄糊涂了,"这样的生意我可从未做过。"但他毕竟是个商人,他当然知道真空管的售价一般是整机的 8%,而井植薰出的是 10%。他盘算后,说:"按出厂价 10% 定价这个条件我答应,只是你不能把收音机价格定得太低。"井植薰大笑起来:"这是收音机嘛,价格哪能太低呢?太低了我赚什么钱?我有钱赚的话,你不也有 10% 的份额吗?"

这种谈判方法虽然有点像在打哑谜,但却充分考虑到买卖双方的利益,双方都有利可图。因此,片冈在考虑再三后,报出了价格的下限,不低于600 元。这是接近成本 550 元的极限价,如果井植薰一开始就明说出 600元的买入价,那么谈判十有八九要破裂。当然,井植薰这时心中盘算出厂价已是 7000 元左右,这个价格既有强劲的市场竞争力,也不会辜负片冈的大力协助。于是,真空管价格的谈判已圆满解决。

逐梦箴言

所谓挖井，就是经营自身的核心竞争力，我们应该市场这样问自己，这样一口井，我开始挖了吗？

知识链接

【井植薰】

井植薰，三洋电机株式会社社长，与兄长井植岁男一同开创了三洋，并任大阪商工会议所副会长。

我的未来不是梦

● 智慧心语 ●

德不优者，不能怀远；才不大者，不能博见。

——王充

没有预见，谈不上领导。

——毛泽东

一个有智慧的人，才是真正一个无量无边的人。

——[法]巴尔扎克

不为明天做准备的人永远不会有未来。

——卡耐基

光看别人脸色行事，把自己束缚起来的人，就不能突飞猛进，尤其是不可能在科学技术日新月异的年代里生存下去。

——本田宗一郎

第十章

步向成功

◦导读◦

　　观成天下，许多企业家都出身自贫苦人家，这些小时候与别人毫无二致的穷孩子，从小就立下大志，并矢志不渝地向着目标前进，终于成为成功的人。他们成功的秘诀是什么？成功，只把奖杯奖给符合五项要求的人：智慧，勇气，创造力，坚持，决心。

别人可以拿走你的一切，但拿不走你的智慧

有一个基辛格为人做媒的故事流传久远。

一次，基辛格想试试自己的折冲之技，主动为一位农夫的儿子做媒。他对老农说：

"我已经为你物色了一位最好的儿媳。"

老农回答说："我从来不干涉我儿子的事。"

基辛格说："可这姑娘是罗斯切尔德伯爵的女儿（罗斯切尔德是欧洲最有名望的银行家）。"

老农说："嗯，如果是这样的话——"

基辛格找到罗斯切尔德伯爵说："我为你女儿找了一个万里挑一的好丈夫。"

罗斯切尔德伯爵忙婉拒道："可我女儿太年轻。"

基辛格说："可这位年轻小伙子是世界银行的副行长。"

"嗯，如果是这样——"

基辛格又找到世界银行行长，道："我给你找了位副行长。"

"可我们现在不需要再增加一位副行长。"

基辛格："可你知道吗？这位年轻人是罗斯切尔德伯爵的女婿。"

于是世界银行长长欣然同意。

基辛格凭借自己的智慧，巧妙地利用各种外部条件，促成了这桩美满

的姻缘,让农夫的穷儿子摇身一变,成了金融寡头的乘龙快婿,真是功德无量。

一个成功者,不一定非要有很高的才能,但他必须要有智慧。因为,别人可以拿走你的一切,但拿不走你的智慧。犹太的家庭教育有一节必课是,负责启蒙教育的母亲们几乎都会问孩子们一个问题:"假如有一天你的房子被烧了,你的财产就要被人抢光,那么你将带着什么东西逃命?"□

孩子们少不更事,天真无知,大多数自然会想到钱这个好东西,因为没有钱就没有吃的穿的玩的。也有的孩子会说是家中珍藏的价值连城的钻石,有了它,还愁缺啥?可这些显然不是他们母亲所要的答案,她们会进一步问:"有一种东西是没有形状,没有颜色,没有气味的宝贝,你知道是什么吗?"要是孩子们回答不出来,母亲就会说:"孩子,你要带走的不是钱,也不是钻石,而是智慧。因为智慧是任何人都抢不走的,你只要活着,智慧就永远跟着你。"

别人可你以拿走你的一切,但拿不走你的智慧。在聪颖、精明的犹太人眼里,任何东西都是有价的,都能失而复得,只有智慧才是揣在自个儿身上的无价之宝,是他们人生的惟一一枚金币。有了它,才能再去拥有其他的什么东西。

香港珠宝巨子郑裕彤是个有智慧的人。

1940年,15岁的郑裕彤到父亲的朋友周至无所开的"周大福金铺"去当学徒,最初的工作只是扫地、倒痰盂、洗厕所,空余时间才在店面学习接待点小生意。

那时,在店里做伙计、当学徒的人,总指望自己将来能有机会出人头地。但是大家都知道,最后能成功的人是很少的,所以连学徒之间都免不了明争暗斗。每个人掌握的做生意的诀窍,绝对保密,再不肯告诉别人;一有机会总还想到老板面前告别人的状。郑裕彤做事勤快,爱动脑筋,机灵可爱,常常得到老板的夸奖,所以就更多地受到别人的关注。有一段时间,郑裕彤早晨上班总是跑得气喘吁吁,还常常迟到,很快便有人去向周老板告状,说郑裕彤学徒不安心,很可能是想"跳槽"了!

周老板也觉得郑裕彤近来有些反常。这天早晨,周老板故意早早地来到金店,伙计们开工好一会儿了,才看见郑裕彤跑得头上冒汗赶来。周老板板起脸,严厉地责问他说:"你从哪里来? 为什么迟到? "

郑裕彤解释说:"我看人家珠宝行做生意去了。"

周老板好奇地望着这个小伙计,忍不住问他:"那你说说,你看出什么名堂没有? "

郑裕彤胸有成竹地回答:"我看别人家的生意,比我们店里做得精明,只要客人一踏进店门,店里老板、伙计总是笑脸相迎,有问必答;无论生意大小,一视同仁;即使这回生意做不成,人家留下一个好印象,下回还会光顾……待客礼貌、周到是非常重要的! "

周老板听了十分高兴,他当然明白,这些都是经商的诀窍,能从一个小学徒口中说出来,就更加难能可贵了。他沉吟片刻,又问:"就是这些了? "

郑裕彤见老板高兴,便兴致勃勃地朝下说:"还有,店铺一定要选在生意旺地,门面要装演得新颖别致,珠宝行和金铺更要豪华气派,不能简陋寒伧……我看人家把钻石放在紫色丝绒布上,宝光闪闪,拍出来的广告照片,效果很理想! 我想我们金店也应该扩大珠宝生意。"

郑裕彤这一席话,使老板从此对他另眼相看,认定这小伙计将来会有前途。当天晚上,周老板就递给郑裕彤一个小红包,里面装着他对郑裕彤的奖励。那以后,周老板总是有意识地培养郑裕彤,提拔他当店里的主管,使他能施展才华。逢年过节,周老板总是把郑裕彤叫到自己家里去吃饭。到他成年之后,周老板又把女儿周翠英嫁给了他。

郑裕彤的智慧在"香港国际会议展览中心"的动工仪式上发挥得淋漓尽致。

香港回归之前,郑裕彤香港贸易发展局达成协议,投资 18 亿港元,在港岛湾仔兴建。这个中心将是亚洲同类设施中规模最大、设备最完全、现代化水平最高的会议展览场所,总面积约 41 万平方米,包括一座 55 米高的会议展览中心、一幢豪华住宅大楼、两幢酒店。它将是 80 年代香港最具代表性的五大建筑之一!

可是，计划拟好之后，郑裕彤却久久让它停留在纸上，没有付诸实行。这个奇怪的现象，引起了许多人的关注。他们都知道郑裕彤的魄力，也知道郑裕彤的财力，只要是郑裕彤决定要干的事情，那就没有什么力量能够阻拦他，他究竟在等待什么呢？

直到一条重大新闻传遍了世界各地：英国女王将出访香港。当时，中国和英国两个大国，正在就香港的前途问题进行磋商，郑裕彤这时突然出人意料地宣布，香港国际会议展览中心将在英国女王抵达香港的那一天破土动工！人们不禁都对郑裕彤摇头，认为他绝对作了一个错误的决定：那一天，全香港、全世界关注的中心肯定都是英国女王，谁会注意到你的展览中心呢！

郑裕彤毫不动摇。

香港国际会议展览中心如期举行奠基典礼。那一天，郑裕彤的全体职员身着礼服，头戴五颜六色的塑料工帽，排成了整齐的队列；工地上拉着大幅红绸标语，写着斗大的仿宋字和相应的英文。气氛隆重又热烈，简直像是接待外国国家元首的场面。人们不禁在猜想，会是谁来为这一奠基活动挖起第一锹土呢？

谁也没有想到，英国女王竟在百忙之中抽出时间，在香港总督的陪同下，率领一支浩浩荡荡的队伍，来到了工地上。在场的人顿时欢声雷动，意外地议论着："是女王！女王也来了！"

香港回归在即，英国女王出访香港，心情一定是十分微妙的！各国新闻界纷纷派出记者赶赴香港，争着采访报道这一特大新闻。将郑裕彤和他的国际会议展览中心推到了全世界的面前，聪明的郑裕彤为自己做了一个极其成功的广告。

■ 勇气的力量有时会让你成为"超人"

许多成功人士并不一定比你"能",而在于他比你"敢",要有勇气去做。在一个动物园,饲养员每天都要喂一大盆肉给大蟒蛇吃。

有一天,饲养员突然想看看给大蟒蛇吃鸡会是什么样子。于是他就把一只活鸡关到大蟒蛇的笼子里。

这只鸡突然遭遇这飞来横祸,可什么办法也没有,因为现在已被关进大蟒蛇的笼子里了。可它一想,反正是一死,干吗要坐着等死呀,也许搏斗一番还有活命的机会呢。这样想着,它就使劲地飞起,狠狠地对着大蟒蛇猛啄起来。大蟒蛇被这突如其来的猛攻弄得措手不及,被啄得眼睛都睁不开了,根本没有还手之力。一个小时以后,大蟒蛇终于被这只小鸡啄死了。第二天,饲养员进来一看这情景,很吃惊,他被小鸡的勇敢感动了,最后把这只鸡放走了。

有勇气的人是不会输掉的,因为任何人都无法让永不认输的人屈服。

金笔王汤蒂因用非凡的勇气成就了自己的一生。

汤蒂因(曾用名:汤萼)出生在上海一个贫寒的市民之家,她小时候和哥哥汤锡蒙在一个学校读书,但两人在家里的地位和待遇却有着天壤之别,这尤其表现在读书受教育上。哥哥作为家里的独子,他读书似乎是天经地义的,而且砸锅卖铁也要送他上大学。对汤萼却不同了,父亲常说一个女孩家,读再多的书,都是别人家的,因此只要能认几个字,会记几笔流水账已经足够了。

在小学认认真真读了6年,转眼毕业了,汤蒂在全班考了第二名。尽管如此,父母还是不让她读书了,父母说:"女小囡还读啥中学?家里有多少事等着你!"就在哥哥背着书包兴高采烈地去上学的时候,她被母亲叫上了阁楼,开始学习做针线活儿、管事务。对这些毫无兴趣的她,这时就满腹心酸地想:同是父母所生,为什么我和哥哥不能得到平等待遇?难道生为女人,天生就没有受教育和闯天下的权利?这一切,到底是谁造成的?

汤蒂丝毫没有因为被困在小阁楼上而甘向命运屈服。父亲是报贩出身,他对买书买报诸如买《儿童世界》《小朋友》和《小说月报》这样一类杂志,从来就不吝啬。这为小小年纪就被困在家里的汤蒂,打开了一扇无形的窗口,并促使她从心底渐渐萌动了这样的念头:"'五·四'运动的狂飙早已过去,大人们拖在脑后的辫子也早已剪掉……但是反封建的浪潮汹涌过一阵后又似乎平复了,我依然生活在浓重的封建气氛中。我虽然是一只小小的蓬雀,但有一对翅膀,望着辽阔的长空,我多么想飞啊!"

几个月过去,想飞的汤蒂,终于透过她家那扇小阁楼的窗口,看见了一块可供自己飞翔的蓝天。

这天的上海《新闻报》刚刚送到,汤蒂照样像往常那样抢着打开报纸,寻找每天必读的《啼笑姻缘》连载。但这次连载小说还未看完,另一行文字却鬼使神差地跳入了她的眼帘。这是广告栏里的一则由"益新教育用品社"刊出的招收女店员的广告,广告上白纸黑字地写着:益新教育用品社需要招收女店员5名,条件必须是初中毕业。

逐字逐句地看完这则广告,汤蒂心潮起伏,想入非非:"啊,小学生能考吗?我早就想'飞'了,现在有了'飞'的机会,绝不能轻易放弃!"而此时此刻,报纸上每天连载的曾让她着迷的《啼笑因缘》,却早已被她抛到了九霄云外。

轻轻一闪念,几乎决定着一生命运的机遇,就在这时被汤蒂紧紧抓住了。她当即按照报纸上提供的地址,以十分虔诚的心情,给益新教育用品社写了一封恳切的信,信中希望能给她一次哪怕是试一试的机会。

回信很快来了,同意她去应考!考试结果,汤蒂以优秀的成绩被录取

了,刚满 14 岁的汤蒂,第一次有了一份属于自己的工作!

小汤蒂第一次用自己无与伦比的勇气战胜了封建的牢笼,为自己争取到了自由的天空。但是不久后,她又一次见证了自己的勇气。

汤蒂就被分配在金笔柜台。汤蒂是个有心的人,她把有关金笔制造和销售的点点滴滴的信息,暗暗牢记在心头,以便能够用最快的速度,掌握一溜儿摆放在自己面前的几十种各式各样、花花绿绿的金笔的性能、特点和价格,以便迅速、准确地找到顾客所需要的商品。3 个月后,汤蒂在柜台上已能应付自如,她不仅对柜台里的金笔价格和性能烂熟于心,而且能视顾客的地位和身份,提出深得他们满意的建议,让每个顾客都高高兴兴地来,又高高兴兴地走。这样她和顾客便渐渐地熟了,与他们慢慢地交上朋友。窄些热心的顾客到店里来,有时什么也不买,仅仅是为了来看她一眼。店里回头客的增多,使金笔的销量急剧上升。她甚至还能为老板及时总结销售规律,提出一些诸如该进什么货,该向哪些学校和团体联系批发业务等建设性的意见。这便引起了老板的注意,并开始对她另眼相看。后来,汤蒂成为店里的顶梁柱。她先是被提升为门市部主任,接着又被升为权力更大的进货部主任。

让她没想的是,益新教育用品社的老板如此重用汤蒂,除了确实欣赏她的才干,还想把她一步步地引进自己的卧室,做他的小老婆!老板的这个意图被汤蒂发现并断然拒绝了。汤蒂毅然决然地离开了益新,她决定自己当老板。

这时,她只有 19 岁。一个女孩子,在商家林立的大上海宣称自己当老板,这是何等的勇气!然而,正是因为这份勇气,才成就了她一生的非凡事业。

踏着别人的脚印走，
永远不能发现新路

　　《福布斯》杂志 2001 年度中国大陆富豪榜中，位列第 11 席的四川通威集团总裁刘汉元，17 岁时靠父母卖猪凑的 500 元钱开始创业。22 岁那年，也就是 1986 年，他自建工厂，利用 5 年来养鱼和手工生产鱼饲料积累的资金，在家乡眉山县永寿镇建起西南地区第一家集约化鱼饲料工厂，取名"科力"，喻"科学技术是第一生产力"之意。工厂投产当年，市场上就出现供不应求的旺销景象，远近养鱼户蜂拥而至，刘汉元生产的"科力牌"鱼饲料成为抢手货。镇上常常车水马龙，阻塞交通，还有人为了买到饲料竟然在工厂门口排了 7 天 7 夜的队。6 年后，即 1992 年，28 岁的刘汉元自筹资金 1 000 多万元在县城里建起一座现代化饲料工厂，取名通威饲料有限公司，喻"通力合作，威力无穷"之意。2000 年，刘汉元进入了中国大陆年度富豪榜，排名第 21 位。

　　踏着别人的脚印走，永远不能发现新的路。一个人想要成功，必须保持旺盛的创造力。

　　拥有 30 亿美元家产的超级富豪，美国新一代石油大亨邦尼用具有传奇色彩的一生的经历证明了自己的非凡创造力。

　　邦尼大学毕业后，他的教授介绍他到菲纳斯石油公司当了一名职员，月薪才 290 美元。公司的工作倒是挺清闲，作为一个小职员，日子过得蛮舒服。邦尼是个努力的人，工作不久就得到了提拔，他每天起早摸黑，风尘仆仆地开着公司配备给他的车子巡察各地的油田。由于工作出色，一年以后，他再次得到提拔，调往火奴鲁鲁，任探测部门主管。但不幸的是他得病了。一到晚上，全身骨头都痛，白天也很容易疲倦。医生对此病束手无策，一名主治医生甚至暗示他将不久于人世。邦尼万念俱灰，从前的雄心和抱负都将付之流水。但他心有不甘，向公司请了假，到达拉斯市治病。这里的专科医生在了解他小时候的脾脏病史后，给他做了脾脏手术。他的病竟奇迹般地好了。

病好之后，他的思想整个被改变了。他决定自己创业，做一个独立的石油人。他用自己的银行储蓄，采取分期付款的形式，买下一辆福特牌客货两用车。白天，车厢作为私人办公室，晚上就成了他的宿舍。每天一早他开着车出去工作，到处接洽生意。饿了，买份汉堡包，就着汽水当饭；困了，伏在方向盘上打个盹。这种劳累，远远超过他在菲纳斯公司工作时的几倍。

邦尼不雇帮手，一人身兼数职，连文件往来和打字这样的事也得自己动手。他的公司成本低、周转快，收费当然也便宜。而且办事又迅速又可靠，因此，获得同行们的信任和赞赏，营业额逐日增加，很多大公司都委托邦尼代办合约转让事宜。他介绍的买卖，平均每宗就可以赚 1000 美元，业务发展大大超过预定目标，原定只钻 3 口油井，实际却一口气钻了 7 口。虽然当年美国石油业最不景气，受中东廉价销售石油的影响，每桶油仅值 3 美元，邦尼还是取得了可喜的成绩，赚了 1 万多美元。比他在菲纳斯公司工作一年的工资还多几千美元。

首战告捷，邦尼对自己的事业更加充满了信心。

随着业务的增加，工作量也大幅度地往上升，邦尼感觉自己再也无力应付这日益繁忙的工作，他既是老板，又是秘书；既做信息员、推销员、经纪人，又得抽空绘制油井地图，寻找合适的钻探目标，以便找人投资。他就是有三头六臂也不够用。于是，邦尼决定扩大他的一人公司规模，邀请志同道合者参加进来，将生意企业化。于是，他和麦卡特、约翰？奥伯恩组成一个新公司——石油发展机构。

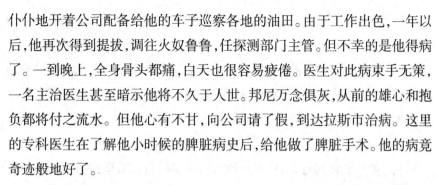

我的未来不是梦

185

　　从此,邦尼正式进入石油业。邦尼的创造力主要表现在他对石油公司的收购上。

　　邦尼买下了麦卡特的股份,成为石油发展机构的唯一主人,他把"石油发展机构"改名为"麦沙石油公司",开始向华尔街进军。1964 年 2 月,上市集资发行 42 万股新股,第一年营业额就达到 150 万美元,纯利 43 万美元。然后开展收购活动,收购了吉尔逊石油公司、赫高顿石油公司。

　　从 1973 年起,阿拉伯世界对西方国家实行石油禁运,油价逐渐上涨,每桶石油从 3 美元涨到 13 美元,1979 年涨到 35 美元,1981 年则高达 40 美元。表沙石油公司的利润也扶摇直上,日渐看好,成了美国最大的独立石油公司,资产总额达 20 亿美元。

　　然后,他在 1982 年石油大跌价的时候,收购了美国排名第六的海湾石油公司。收购行动历时半年,成交价 132 亿美元,约 40 万股票持有人,可在收购中获利 65 亿美元。1984 年 6 月 15 日,双方达成协议:麦沙石油公司以 80 美元一股的价格收购海湾石油公司。在获利股票持有人中,最大的股东是美国政府,获利 20 亿美元;另一家控股公司获利 7.6 亿美元。

　　最后,他又收购了当年他在那里做过小职员的菲纳斯石油公司。

　　至此,邦尼的成功达到顶点。在美国,石油大亨不少,不过,像邦尼这样白手起家的却不多。像尤金吉提、高特兄弟都是继承家族的财产,依赖父荫成为巨富。邦尼的家庭没有给任何帮助,他的一切成功,全是他自己努力创造的。

　　如果他安于现状,害怕失败,不敢冒险,凭他的能力,在菲纳斯石油公司也可以得到一个不错的位置。但他选择了自我奋斗的道路。他遇到过许多挫折,也曾几乎濒临绝境,但终于都被他闯过来了。

■ 成功来自持之以恒的行动力

　　成功来对目标的坚持。一个人，如果能在选定的行业坚持十年，就一定会成为大赢家。目标不是轻易能够实现的。

　　20世纪70年代是世界重量级拳击史上英雄辈出的年代。拳王阿里已有4年未登拳台，此时体重已超过正常体重20多镑，速度和耐力也已大不如前，医生给他的运动生涯判了"死刑"。然而，阿里坚信"精神才是拳击手比赛的支柱"，他凭着顽强的意志重返拳坛。

　　1975年9月30日，33岁的阿里与另一拳坛猛将弗雷泽进行第三次较量（前两次一胜一负）。在进行到第14回合时，阿里已经精疲力竭，濒临崩溃的边缘，这个时候一片羽毛落在他身上也能让他轰然倒地，他几乎再无丝毫力气迎战第15回合了。然而他拼着性命坚持着，不肯放弃。他心里清楚，对方和自己一样，也是有气无力了。比到这个地步，与其说在比气力，不如说在比意志，就看谁能比对方多坚持一会儿了。他知道此时如果在精神上压倒对方，就有胜出的可能。于是他竭力保持着坚毅的表情和誓不低头的气势，双目如电，令弗雷泽不寒而栗，以为阿里仍存着体力。这时，阿里的教练邓迪敏锐地发现弗雷泽已有放弃的意思，他将此信息传达给阿里，并鼓励阿里再坚持一下。阿里精神一振，更加顽强地坚持着。果然，弗雷泽表示"俯首称臣"，甘拜下风。裁判当即高举起阿里的臂膀，宣布阿里获胜。这时，保住了拳王称号的阿里还未走到台中央便眼前漆黑，双腿无力地跪在了地上。弗雷泽见此情景，如遭雷击，他追悔莫及，

并为此抱憾终生。

麦当劳的创始人雷·克洛克最欣赏的格言是："走你的路,世界上什么也代替不了坚忍不拔:才干代替不了,那些虽有才干但却一事无成者,我们见得多了;天资代替不了,天生聪颖而一无所获者几乎成了笑谈;教育也代替不了,受过教育的流浪汉在这个世界上比比皆是。唯有坚忍不拔,坚定信心,才能无往而不胜。"

任何希望成功的人必须有永不言败的决心

决定成功与否的关键因素是一个人如何对待失败,并找到战胜失败、继续前进的法宝。不然,失败必然导致失望,而失望就会使人一蹶不振。如果你的内心认为自己失败了,那你就永远地失败了。诺尔曼·文森特·皮尔说:"确信自己被打败了,而且长时间有这种失败感,那失败可能变成事实。"而如果你不承认失败,只是认为是人生一时的挫折,那你就会有成功的一天。

有些人之所以害怕失败,是因为他们害怕失去自信心,其结果他们试图将自己置于万无一失的位置。不幸的是,这种态度也把他们困在一个不可能做出什么杰出成就的位置。

还有的人惧怕失败,是因为他们害怕失去第二次机会。在他们看来,万一失败了,就再也得不到第二个争取成功的机会了。如果这些人都知道,多少著名的成功人士开头都曾失败过,就会给他们增添希望。

亨利·福特说:"失败不过是一个更明智的重新开始的机会。"福特本人也有过失败的直接体验。他头两次涉足汽车工业时,以破产失败而告终,但第三次他成功了。福特汽车公司至今仍然充满活力,仍是世界最大

汽车生产厂家之一。

王永庆福建一个贫苦的茶农家中。王永庆刚刚学会走路,就跟着母亲出外去捡煤块和木柴,希望能换点零钱,或者供自己家烧水做饭。童年的小永庆常常是饥一顿饱一顿,有时他俄极了,只好偷偷地摘路边的番石榴吃。

15 岁的王永庆,听了祖父的话,决心走出山区,去寻找一个能挣到钱的地方,帮助母亲养活一家人。他一个人孤零零地来到台湾南部的嘉义县县城,在一家米店里当上了小工。聪明伶俐的王永庆,除了完成自己送米的本职工作以外,处处留心老板经营米店的窍门,学习做生意的本领。第二年,他觉得自己有把握做好米店的生意了,就请求父亲帮他借了些钱做本钱,自己在嘉义开了家小小的米店。

米店新开,营业上就碰到了困难。原来,城里的居民都有自己熟识的米店,而那些米店也总是紧紧地拴住这些老主顾。王永庆的米店一天到晚冷冷清清,没有人上门。16 岁的王永庆只好一家家地走访附近的居民,好不容易,才说动一些住户同意试用他的米。为了打开销路,王永庆努力为他的新主顾做好服务工作。他主动为顾客送上门,还注意收集人家用米的情况;家里有几口人,每天大约要吃多少米……估计哪家买的米快要吃完了,他就主动把米送到那户人家。他还免费为顾客提供服务,如掏出陈米、清洗米缸等。他的米店开门早,关门晚,比其它米店每天要多营业 4 个小时以上,随时买随时送。有时顾客半夜里敲门,他也总是热情地把米送到顾客家中。

经过王永庆的艰苦努力,他的米店的营业额大大超过了同行店家,越来越兴旺了。

王永庆就是这样的人,决定的事,就不后悔,无论怎么样艰难都会走下去。

50 年代初,台湾急需发展的几大行业,是纺织、水泥、塑胶等工业。当时台湾的化学工业中有地位有影响的企业家是何义,可是何义到国外考察后,认为台湾的塑胶产品无论如何也竞争不过日本的产品,所以不愿向台

湾的塑胶工业投资。出人意料的是,这时还是个名不见经传的普通商人王永庆,却主动表示愿意投资塑胶业! 消息传出,王永庆的朋友都认为王永庆是想发财想昏了头,纷纷劝他放弃这种异想天开的决定。当地一个有名的化学家,公然嘲笑王永庆根本不知道塑胶为何物,开办塑胶厂肯定要倾家荡产!

其实,王永庆作出这个大胆的决定,并不是心血来潮,铤而走险。他事先进行了周密的分析研究,虽然他对塑胶工业还是外行,但他向许多专家、学者去讨教,还拜访了不少有名的实业家,对市场情况做了深入细致的调查,甚至已私下去日本考察过! 他认为,烧碱生产地遍布台湾,每年有70%的氯气可以回收利用来制造 PVC 塑胶粉。这是发展塑胶工业的一个大好条件。

王永庆没有被别人的冷嘲热讽吓倒。1954 年,他和商人赵廷箴合作,筹措了 50 万美元的资金,创办了台湾岛上第一家塑胶公司。3 年以后建成投产,但果然如人们所预料的,立刻就遇到了销售问题。首批产品 100吨,在台湾只销出了 20 吨,明显地供大于求。按照生意场上的常规,供过于求时就应该减少生产。可王永庆却反其道而行之,下令扩大生产! 这一来,连他当初争取到的合伙人,也不敢再跟着他冒险了,纷纷要求退出。精明过人的王永庆,竟敢背水一战,变卖了自己的全部财产,买下了公司的全部产权,使台塑公司成为他独资经营的产业。王永庆有自己的算盘。他研究过日本的塑胶生产与销售情况,当时日本的PVC 塑胶粉产量是 3000 吨,而日本的人口不过是台湾的 10 倍,所以,他相信自己产品销不出去,并不是真的供过于求,而是因为价格太高——要想降低价格,就只有提高产量以降低成本。

第二年,他又投资成立了自己的塑胶产品加工厂——南亚塑胶工厂,直接将一部分塑胶原料生产出成品供应市场。

事情的发展,证明了王永庆的计算是正确的。随着产品价格的降低,销路自然打开了。台塑公司和南亚公司双双大获其利! 从那以后,王永庆塑胶粉的产量持续上升,从最初的年产 1 200 吨,发展到现在 100 万吨,使

他的公司成了世界上最大的 PVC 塑胶粉粒生产企业。

　　就这样，王永庆以非凡的毅力和决心挖到了人生第一桶金，从此走上了富商之路。1988 年，美国权威杂志《福布斯》报道，在全世界拥有 10 亿美元以上资产的富豪中，王永庆以 40 亿美元居第 16 位！从不名一文的农家子弟到亿万富豪，从不识"塑料"二字的外行到赫赫有名的塑料博士、"世界塑胶大王"，他的奋斗历程传遍了全世界。

● 智慧心语 ●

天行健,君子以自强不息。

——《周易·系辞上》

君子忍人所不能忍,容人所不能容,处人所不能处。

——马南邨:《燕山夜话》

立志用功如种树然,方其根芽,犹未有干;及其有干,尚未有枝;枝而后叶,叶而后花。

——王守仁

自古雄才多磨难,从来纨绔少伟男。

让自己的内心藏着一条巨龙,既是一种苦刑,也是一种乐趣。

——雨果